AF255650

Lean

La guía definitiva para Lean Six Sigma, Lean Enterprise y Lean Manufacturing + Lean Analytics: la forma ágil de construir un inicio superior utilizando Ciencia de Datos

Índice

Primera Parte: Lean Seis Sigma

La guía definitiva sobre Lean Seis Sigma, Lean Enterprise y Lean Manufacturing, con herramientas para incrementar la eficiencia y la satisfacción del cliente

Capítulo 1: Entendiendo el pensamiento lean

La filosofía Lean es un conjunto de prácticas, estrategias y métodos que se aplican específicamente en los negocios. Esta filosofía se centra en ayudar a mejorar el negocio y eliminar cualquier desperdicio que pueda estar presente. Algunos piensan que este modelo solo se puede utilizar en la industria de producción o en la fabricación, pero, en realidad, este es un concepto que puede adaptarse fácilmente a cualquier tipo de negocio. Puede ayudar a manejar diferentes aspectos de las operaciones de una empresa, como el valor del consumidor, las redes de suministro y las funciones internas.

Diferentes tipos de organizaciones podrían encontrar que la filosofía Lean puede tener mucho que ofrecerles. Si la usan correctamente, puede proporcionar métodos rigurosos para mejorar la eficiencia y reducir los desperdicios. Si bien comenzó a utilizarse en la manufactura, ahora se ha vuelto completamente evidente que puede usarse en casi todas las industrias, incluidas las del gobierno, panaderías, comercio minorista, aeroespacial, salud y construcción, solo por mencionar algunas.

El aspecto central de la filosofía Lean es tratar de reducir tres tipos principales de variaciones que aparecen en la fabricación. Estas variaciones se denominan *muda, mura* y *muri*. *Muda* es una palabra de Japón que significa "inutilidad" o "ineficacia". En negocios, esto se refiere a "desperdicio". Para ayudar a eliminar y reducir el desperdicio, la compañía necesita primero separar las actividades que se consideran de valor agregado de aquellas que le están costando dinero innecesariamente al negocio.

Mura se puede definir como un "desnivel" en los procesos de flujo de trabajo empresarial. Este tipo de desperdicio a veces puede causar tiempos de inactividad innecesarios o fases donde existe una gran cantidad de estrés innecesario en la maquinaria, procesos e incluso empleados. Desde el punto de vista de la administración, el desnivel va a llevar a un gran problema conocido como incertidumbre. Es extremadamente difícil planificar para el futuro y dirigir un negocio si los niveles de incertidumbre son altos. Cualquier tipo de interrupción que ocurra en el proceso del flujo de trabajo puede llevar a la capacidad reducida de la empresa para responder a las necesidades del cliente. Si el cliente solicita un producto de la compañía y tiene la expectativa de que el producto se entregará en una fecha determinada, generar cierta incertidumbre en este contexto puede causar muchos retrasos y caos.

Para que una empresa domine el *mura*, debe tener en cuenta seriamente sus instalaciones, sus protocolos de ensamblaje y la forma en que hace negocios. Para la mayoría de las empresas, es necesario que exista un tipo de metodología para comprender mejor los procesos y mejorar la capacidad de prever posibles problemas.

Finalmente, *muri* se refiere a los desperdicios que resultaron por la sobrecarga de un sistema o de una comprensión deficiente de cómo funciona ese sistema. Si un proceso de negocio o un sistema de producción comienza a sobrecargarse de trabajo, es posible que no solamente las máquinas, sino también los empleados, sufran desgaste. Tener una carga de trabajo extremadamente alta puede ocasionar un fallo del sistema y una gran cantidad de productos defectuosos.

Cuando *muri* y *mura* se combinen, habrá un problema de cuello de botella que surgirá en todas las partes de la organización. La mejor manera de asegurarse de que no está sobrecargando a los empleados o las máquinas es garantizar que su negocio solo se centre en las actividades que agregan valor. La compañía también debe saber cómo minimizar el desperdicio en otras áreas relevantes para ayudar a reducir este tipo de tensión.

Otro concepto que viene con la metodología Lean, y que puede ir de la mano con la reducción e identificación de desperdicios, es el *kaizen*. Esto se refiere a la "mejora continua". Implica crear una cultura dentro de su empresa en la que el grupo o el individuo pueden elegir mejorar cada vez que lo deseen. Este es un concepto que casi todas las industrias han comenzado a adoptar.

La filosofía Lean incorpora muchas herramientas diferentes, pero el factor más importante vinculado con la forma en que afectará a la empresa es una mentalidad atenta. Todos los que están dentro de esa compañía, desde el CEO hasta el administrador de la tienda, deben estar atentos a la hora de eliminar desperdicios, realizar cambios positivos y mejorar continuamente.

Lean y el enfoque SPT (Sistema de Producción Toyota)

Para tener una mejor idea de cómo funciona el pensamiento Lean, debemos analizar los términos y las herramientas que se utilizan en el sistema de producción japonés de Toyota. La metodología de SPT está orientada a comprender cómo funcionan los procesos, descubrir métodos para mejorarlos y luego aprender cómo hacer que los procesos sean más simples y rápidos. Si se terminan descubriendo actividades en el proceso que no son necesarias, el trabajo de la empresa es deshacerse de ellas.

Sin embargo, si su empresa adopta el enfoque SPT, debe darse cuenta de que no es una panacea para todos los problemas que pueda estar experimentando. Este método no tiene que ver con los distintos elementos, sino que hace hincapié en cómo estos elementos se unen para crear un sistema que se pueda poner en práctica de manera constante todos los días. Los principios deben estar integrados en el pensamiento de todos los miembros de la organización, y debe haber una acción constante y una implementación consciente.

Cómo aprovechar el potencial humano

No importa qué tipo de negocio tenga, es la gente la que formará el núcleo de su enfoque de SPT. Para obtener los resultados que desea, sus empleados deben recibir la capacitación adecuada para poder adoptar las convicciones y valores que ayudan a crear una cultura estable y sólida en su negocio. Esto significa que debe reforzar constantemente esta nueva cultura para garantizar que se convierta en una característica permanente.

Además, cada empresa debe recordar que las personas son las que crean valor. Son las personas las que implementarán los procesos y utilizarán el equipo o la tecnología para realizar el proyecto. Para eliminar los desperdicios internos, primero debe establecer el entorno y la cultura adecuados para que todos puedan actuar.

En algunas situaciones, la filosofía Lean se confundirá con un simple conjunto de técnicas y herramientas. Sin embargo, debe recordar que Lean principalmente trata sobre las personas. Hay muchas compañías que intentan adquirir la metodología Lean y usarla, pero olvidan este punto crucial. Esto los lleva al fracaso, y sufren las consecuencias. El método Lean requiere que todos, desde los niveles más altos hasta los niveles más bajos, cambien su forma de pensar y luego utilicen las herramientas de la metodología Lean para reducir los desperdicios y mejorar el valor ofrecido al cliente.

Esto significa que la empresa necesita saber respetar a su gente. Puede hacerlo educándolos continuamente, capacitándolos, estimulándolos y dándoles autoridad. Cualquier organización que se vea a sí misma como "Lean" tiene que asegurarse de que ve a su gente como su activo más importante. Y como el activo más importante, su gente necesita ser valorada, estimulada y compensada adecuadamente.

Esa es una de las partes más importantes de la metodología Lean, especialmente cuando se trata de Lean Seis Sigma. Si la gente de su compañía no está comprometida, nunca verá la finalización exitosa de su proyecto. No importa cuánto la gerencia, el propietario o alguien más quiera que Lean Seis Sigma funcione. Si solo unas pocas personas comparten el entusiasmo, nunca va a funcionar.

Una vez que pueda inculcar a todos los miembros de la empresa la idea de Lean Seis Sigma y logre ayudar a las personas adecuadas a formarse en la metodología, aumentará sus posibilidades de éxito cuando implemente sus proyectos. Esta guía profundizará para explicar la importancia de que todos se unan a Lean Seis Sigma y mostrarle algunos métodos que puede usar para asegurarse de que todos en su organización lo hagan.

Capítulo 2: Las bases de Seis Sigma

Cómo se puede aplicar Seis Sigma a la filosofía Lean

Ahora que sabemos un poco acerca de la filosofía Lean, es hora de entender Seis Sigma para que pueda ver cómo estas dos se combinan para crear una metodología que realmente cambia la forma de sus negocios.

Las empresas y organizaciones existen para servir a sus constituyentes. Estos pueden incluir los accionistas y los propietarios de la compañía junto con los clientes que compran los productos y servicios que ofrecen. Debido a esto, cada organización y empresa necesita encontrar una manera de crear valor. Una organización eficiente y efectiva debe asegurarse de que su salida sea mayor que la entrada y que el valor que se agregará se creará con los mínimos recursos.

El propósito principal de trabajar con Seis Sigma es permitir que la administración aplique principios científicos y de resolución de problemas para obtener el máximo valor a un costo mínimo. La técnica implica poder aplicar una metodología estructurada para mejorar cualquier aspecto del proceso de negocio que ya existe. También está allí para ayudarle a diseñar nuevos productos y procesos con mayor calidad y rendimiento.

¿Qué es Seis Sigma?

Seis Sigma puede definirse como una aplicación completa, enfocada y efectiva de técnicas y metodologías de calidad comprobada. Este proceso pretende asegurarse de que pueda eliminar todos los errores y defectos posibles en el funcionamiento de una empresa. Sigma es la letra griega usada para medir la variabilidad.

El nivel sigma de los procesos medirá el cumplimiento de la empresa. En el pasado, la mayoría de las empresas se contentaban con mantener un nivel sigma de tres o cuatro. Incluso a este nivel, la compañía crearía decenas de miles de productos defectuosos por cada millón. Esta es una cantidad alta. Debido a las expectativas de los clientes que han aumentado en los últimos años, Seis Sigma fue establecido en 3,4 defectos por millón de muestras.

Las técnicas y herramientas que Seis Sigma puede usar se aplicarán con la ayuda de un marco: un modelo de mejora del rendimiento denominado DMAIC (por sus siglas en inglés: Define, Measure, Analyze, Improve, Control). Estas letras representan:

- **D**: Defina los objetivos de la actividad que usará para mejorar algo en el negocio.
- **M**: Mida el sistema que ya tiene instalado.
- **A**: Analice el sistema para determinar cómo eliminar la brecha entre el rendimiento actual del sistema / proceso y el rendimiento objetivo.
- **I:** Mejore el sistema.
- **C**: Controle el nuevo sistema.

¿Por qué elegir Seis Sigma?

Durante la década de 1970, una empresa de Japón se hizo cargo de la planta de Motorola que estaba al mando de la fabricación de televisores. Esta nueva compañía decidió que era hora de implementar algunos grandes cambios en la forma en que estaba funcionando la fábrica. Los nuevos gerentes consiguieron que la fábrica produjera televisores que tenían una veinteava parte de defectos que los que la compañía producía en el pasado.

Lo más sorprendente de esto fue que estos resultados se lograron con los mismos trabajadores, diseños y tecnología que antes. Además, los costos se redujeron durante el mismo período de tiempo. Muy pronto se hizo evidente que el principal problema que había ocurrido con Motorola era la administración anterior que dirigía la fábrica.

La mayoría de las personas asume que el proceso de Seis Sigma trata solo sobre calidad porque se define de manera convencional. La calidad se ha definido tradicionalmente como "conformidad con los requisitos internos". Sin embargo, esta no es la mejor definición de calidad, y no nos dará una idea muy precisa de lo que realmente es Seis Sigma.

Seis Sigma implica brindar a la organización una manera de mejorar la eficiencia de sus procesos e incrementar el valor para el cliente con la expectativa de aumentar sus ganancias. Para enlazar este objetivo con la calidad, se debe utilizar una nueva definición.

Cuando aplica los principios de Seis Sigma, la calidad se definirá como "el valor agregado por un esfuerzo productivo". Hay dos tipos principales de calidad de los que hablamos aquí: calidad potencial y real. Con la calidad potencial, nos referimos al valor máximo que se puede agregar a cada unidad de entrada. Mientras tanto, la calidad real se refiere al valor actual que se agrega a cada unidad de entrada. La diferencia entre estas dos es el desperdicio.

El enfoque que viene con Seis Sigma trata sobre utilizarlo para eliminar el desperdicio y mejorar la calidad de los productos y servicios dentro de una empresa. A diferencia de muchos programas de reducción de costes con los que a algunas empresas les gusta trabajar, Seis Sigma no está tratando de reducir la calidad y el valor de los productos y servicios que ofrece para reducir gastos; toma una ruta diferente. Hace énfasis en identificar y luego eliminar los costos que no terminan agregando valor a los clientes, incluso cuando la calidad del producto mejora.

La mayoría de las compañías están dispuestas a sacrificar la calidad para poder reducir sus costos y ganar más dinero. Pero este no es un buen método si su empresa desea mantener a los clientes y ganar más dinero. Seis Sigma tampoco sigue esta filosofía. Se enfoca continuamente en las necesidades del cliente, eliminando defectos, reduciendo el tiempo de ciclo y ayudando al cliente a ahorrar mucho en costes.

No obstante, también es importante comprender el nivel sigma: va a estar directamente relacionado con el nivel de calidad. Como describimos anteriormente, una compañía Seis Sigma no logrará cumplir sus requisitos aproximadamente tres veces por cada millón de muestras. Cuando nos fijamos en una empresa promedio, generalmente clasificada como Cuatro Sigma, no cumplirá con los requisitos de calidad aproximadamente 6210 veces cada millón de operaciones. ¡Piense en la diferencia que esto supone en desperdicios, satisfacción del cliente y otros!

Los estudios también han demostrado que las compañías que están en un Cuatro Sigma tienen más probabilidades de experimentar altos costos operativos, principalmente porque del 25 al 40 por ciento de sus ingresos se utilizará para ayudar a solucionar problemas.

Por otro lado, las empresas que usan Seis Sigma y tienen éxito pueden gastar solo el cinco por ciento, si no menos, de sus ingresos en solucionar los problemas que surjan. Esta brecha se conoce como el coste de la mala calidad, y varias investigaciones han demostrado que la brecha les cuesta a las compañías con sigma cuatro un total de diez mil millones de dólares cada año. Puede ver por qué la implementación de Seis Sigma puede ser una excelente manera de asegurarse mantener sus costos bajos mientras sigue brindando un buen producto o servicio a sus clientes.

Una de las preguntas que su empresa siempre debe hacerse es "¿por qué es necesario relacionar los costos con los niveles sigma?" Resumiendo, los niveles sigma están ahí para indicar las tasas de error y, como cada persona de negocios sabe, dedicar tiempo a la reparación de errores cuesta dinero.

A medida que su nivel de sigma comience a subir, las tasas de error y sus costos operativos comenzarán a disminuir bruscamente. La verdad es que, en el mundo moderno de los negocios, nadie quiere tolerar muchos errores y defectos cuando están trabajando en la producción de su producto o servicio, porque esto le puede costar a la empresa mucho dinero.

La filosofía Seis Sigma

Para implementar Seis Sigma, deberá trabajar con varios métodos científicos para ayudar a diseñar y operar sus sistemas y procesos de gestión empresarial. Esto se hace para ayudar a sus empleados a proporcionar más valor, tanto a los accionistas como a sus clientes. Un buen ejemplo del método científico utilizado con Seis Sigma es el siguiente:

1. Se identificará una parte crítica del mercado o del negocio.
2. Una vez que se encuentra, se forma una hipótesis consistente con su observación.
3. Usted hace algunas predicciones basadas en la hipótesis que se forma.
4. Luego se realizan experimentos para probar las predicciones que hizo. Según los nuevos datos recopilados, es posible que deba realizar algunos cambios en la hipótesis. Si hay variaciones, entonces necesitaría usar algunas herramientas estadísticas para ayudar a distinguir entre el ruido y la señal.

5. Repita los pasos tres y cuatro hasta que ya no haya discrepancias entre la hipótesis y los resultados reales que obtiene.

Si bien esta es una versión simplificada del método que se utiliza cuando usa Seis Sigma, es muy efectivo. Si utiliza este método durante un período de tiempo más prolongado, su empresa podrá desarrollar una teoría viable que le facilitará la comprensión de sus procesos empresariales y de sus clientes.

En realidad, muchas empresas toman decisiones importantes, pero no son capaces de proporcionar datos concretos para explicar algunas de estas decisiones. Sin embargo, si utilizan el método científico del que acabamos de hablar y lo implementan continuamente, se creará un cambio de actitud fundamental que hará que la administración cuestione si lo que saben coincide con lo que muestran los datos.

El objetivo de esta filosofía es cambiar el enfoque de todas las partes interesadas de la compañía: los clientes y los propietarios. Si los procesos, así como los sistemas de gestión de una empresa, están diseñados correctamente y los administran empleados que están contentos, sus partes interesadas estarán satisfechas.

El problema aquí es que muchas empresas tradicionales creen que realmente hacen esto cuando en realidad no lo hacen. La gran diferencia es que una empresa que utiliza Seis Sigma adoptará un enfoque más riguroso y sistemático cuando implemente esta nueva filosofía.

Pasar a la acción

El mundo de los negocios se mueve muy rápidamente. Esto significa que una compañía que planea implementar Seis Sigma no tendrá el lujo de pasar años investigando un problema antes de tomar la decisión que desea utilizar. Para la administración en una de estas compañías, es fundamental determinar cuánta información les resultará suficientemente útil como para tomar el curso de acción que desean.

Una vez que la gerencia esté segura de que tienen suficiente información para tomar una decisión, entonces el proyecto podrá pasar de la fase de análisis en la que se encontraban, a la etapa de mejora, o de la fase de mejora a la etapa de control. Si bien la compañía habría descubierto muchas más oportunidades si hubiese podido pasar más tiempo revisando la información, todavía tendrá menos errores en comparación con una compañía que no utiliza las técnicas de Seis Sigma en absoluto.

Capítulo 3: ¿Qué es Lean Seis Sigma?

Lean Seis Sigma tiene su origen en el concepto de Seis Sigma. La filosofía de Seis Sigma se remonta a mediados de los años ochenta cuando las compañías de producción estadounidenses necesitaban un método para cambiar su estilo de producción y competir con los estilos de producción japoneses predominantes y superiores. El resultado fue Seis Sigma, una metodología mediante la cual las empresas podían eliminar los desperdicios en su proceso de fabricación de manera fácil y efectiva.

Lean Seis Sigma, específicamente, se basa en la integración de Seis Sigma con Lean Manufacturing y Lean Enterprise. En esencia, toma conceptos de ambos y los integra en un solo sistema. Todo el objetivo de Lean Seis Sigma es reducir de forma masiva la cantidad de desperdicios que se producen en la fabricación de productos. Para desglosar sus dos partes, el aspecto Lean se centra en descomponer el proceso de producción de tal manera que se elimine la cantidad máxima posible de desperdicios en la fabricación. Si recuerda, estos desechos se conocen como *muda* y se pueden recordar en conjunto a través del acrónimo DOWNTIME. Trataremos eso en un momento.

La parte Seis Sigma se basa en la utilización de cinco procesos clave o fases denominadas DMAIC, que se tratarán específicamente en el siguiente capítulo. Estas fases están destinadas a ayudar con el análisis general de los flujos de trabajo y los procesos de negocio para mejorarlos de tal manera que el objetivo final del proceso se logre de un modo más significativo y predecible. Seis Sigma se centra particularmente en la implementación de tecnologías de análisis de datos para llegar a conclusiones significativas con respecto a los procesos de negocio y las mejores prácticas en todos los ámbitos relevantes.

Ahora, teniendo todo esto en cuenta, tomemos un segundo para analizar los diferentes tipos de desperdicios que Lean Seis Sigma pretende eliminar mediante la implementación de diversas prácticas.

El desperdicio se ha definido como lo absolutamente prescindible para que una empresa obtenga la mayor cantidad de beneficios posible. Por lo tanto, el desperdicio cuenta como algo adicional que se le resta al producto: comprar demasiado equipo o demasiadas partes, el uso excesivo de esas cosas más allá de su máximo potencial de ganancias, y cualquier trabajo adicional más allá de lo que se necesita para generar la mayor ganancia posible.

El sistema Lean define ocho tipos diferentes de desperdicios.

El primer tipo importante de desperdicio son los *Defects* o defectos. La idea de defectos se refiere a la necesidad de deshacerse de cualquier producto dado porque un componente o el producto en sí es defectuoso. El sistema Lean Seis Sigma tiene como objetivo analizar dónde y cómo se producen estos defectos para minimizarlos.

Después de los defectos llega el concepto de *Over-Production* o sobreproducción. Esta se refiere a hacer más de un producto que la cantidad que se puede comprar y consumir. Esto crea desperdicios de muchas maneras diferentes. En primer lugar, significa que la empresa está malgastando recursos, monetarios o de otro tipo, en cosas que, en última instancia, solo perjudicarán su margen de beneficio. Además, los productos eventualmente se convertirán en basura o podrían comprarse a un precio mucho más bajo que el valor al que estaban destinados a venderse, lo que significa que la empresa sufre pérdidas al tiempo que perjudica al medio ambiente en el proceso. Cuando se trata de sobreproducción, el productor también necesita comprender que las necesidades del cliente y, lo que es más importante, las fuerzas del mercado, son dinámicas.

El siguiente tipo importante de desperdicio es el concepto de *Waiting* o espera. La espera se refiere a cualquier tipo de tiempo de inactividad dentro de la compañía donde se paga la mano de obra, pero no se utiliza. Otro ejemplo es cuando un producto está parado, esperando a ser procesado o enviado. Como ejemplo, digamos que una empresa tiene un producto que necesita un procesamiento final. Sin embargo, en lugar de dedicarse a ello, la compañía espera una cantidad de tiempo excesiva, permitiendo que el producto permanezca en el estante, listo para ser procesado.

Luego viene el concepto extremadamente importante de *Non-Utilized Talent* o negligencia (también llamado talento defectuoso o no utilizado). La negligencia se refiere a cómo una empresa puede, literalmente, descuidar el uso de todas las habilidades que sus trabajadores tienen para ofrecer o dejar de permitir que los trabajadores se den entre ellos y a la alta gerencia la capacidad de compartir información y aprender unos de otros. En cambio, las tareas se delegan de una manera muy jerárquica, y existe una negativa obstinada a permitir que los roles rígidos que los trabajadores desempeñan cambien de cualquier manera o forma.

Después de la negligencia está el *Transportation* o transporte. El transporte se refiere al hecho de que cada vez que una cosa se transporta de un lugar a otro, la compañía corre el riesgo de que ese producto se pierda, se dañe o que su lanzamiento y la fecha de envío se retrasen, o ambas cosas. Además, el proceso de transporte aumenta el costo del producto, pero no genera ningún tipo de valor para el producto en sí.

Hablemos ahora de *Inventory* o inventario. El inventario se refiere a cualquier recurso o producto no finalizado de un recurso que aún no se ha convertido en su forma final vendible y, por lo tanto, solo ocupa recursos espaciales vitales. Está generando pérdidas a la empresa al desperdiciar horas de trabajo y ocupando espacio físico que podría usarse para otra cosa. Mantener un flujo de trabajo estable permitirá que esto se mitigue lo más posible, asegurando que los productos y los recursos no se limiten a esperar a ser completados.

La penúltima letra en nuestro acrónimo significa *Motion* o movimiento. El concepto de movimiento está en paralelo al concepto de transporte. Mientras que ambos hacen referencia a una cosa u otra, el tipo de desperdicio de movimiento se refiere a cualquier tipo de efecto negativo o daño que incurre en los recursos que realmente generan el producto. En esencia, si los trabajadores se lastiman o si las máquinas se averían con el tiempo debido al uso continuado, esto podría considerarse una forma de desperdicio de movimiento. El movimiento también se refiere a cualquier momento en que las máquinas deban apagarse o que se permita a los trabajadores tomar un descanso debido a la reparación de estas.

El último tipo importante de desperdicio es *Excess* o exceso (también llamado procesamiento adicional). Exceso se refiere a la idea de hacer cosas a un producto que, aunque agrega más valor, el consumidor del producto no necesita ni quiere. Esto significa que la empresa desperdicia dinero y recursos en funciones adicionales que, en última instancia, no son apreciadas ni inútiles.

Estos conceptos que forman el acrónimo DOWNTIME en inglés, son las principales formas de desperdicio que el sistema Lean Seis

Sigma pretende reducir o eliminar por completo. Lean Manufacturing y Lean Enterprise están específicamente orientados a eliminar estas formas de desperdicio.

El sistema Seis Sigma se integra extremadamente bien con el sistema Lean; es casi sinérgico, de hecho. Mientras Lean Manufacturing se centra en el desperdicio, Seis Sigma pone énfasis en los procesos incrementales y el análisis de datos para frenar dichos desperdicios y garantizar que la compañía avanza de la mejor manera posible.

Herramientas de Seis Sigma

Hay muchas herramientas diferentes a su disposición al trabajar con Seis Sigma. Algunas de las claves que tal vez desee utilizar al implementar Lean Seis Sigma en su negocio incluyen las siguientes:

- Control del proceso estadístico
- Voz del cliente
- Diseño de procesos
- Análisis de causa raíz
- Gestión de procesos
- Cuadro de mando integral o Balanced Scorecard
- Gestión de procesos de negocio
- Gestión de cambios
- Mejora continua

Seis Sigma es una excelente metodología de uso que garantizará que pueda reducir al mínimo la tasa de defectos y reducir los desperdicios. Cuando pueda combinarla junto con la filosofía Lean, descubrirá que su negocio alcanzará un nivel completamente nuevo y estará mejor equipado para competir en el mundo de los negocios y obtener una ventaja competitiva.

¿Por qué debería trabajar con Seis Sigma?

Si su negocio está prosperando y le va bastante bien, ¿por qué querría aplicar alguno de los métodos de Seis Sigma? ¿Por qué tantas empresas diferentes adoptan este enfoque? Si bien algunas empresas que han probado este sistema no lograron sus objetivos generales, las que aplicaron este enfoque utilizando las herramientas y los métodos correctos vieron algunos resultados. Hay muchos beneficios que vienen con la implementación de Seis Sigma, y estos son los siguientes:

- Puede ayudar a fortalecer el negocio y aumentará las posibilidades de que la compañía sobreviva y tenga éxito. Seis Sigma puede proporcionar las herramientas necesarias para cambiar e innovar junto con el mercado, haciendo que el éxito sea más alcanzable.

- Hace que todos trabajen con la misma meta de rendimiento. No importa el tamaño de la empresa, asegurarse de que todos los empleados trabajen hacia un objetivo común puede ser difícil. Dado que cada unidad en su empresa tendrá sus propios objetivos para trabajar, el único hilo común es la entrega de servicios, productos e información al cliente. Al centrarse en el proceso y los clientes, Seis Sigma puede desarrollar un objetivo coherente y un nivel de rendimiento casi perfecto.

- Prioriza el valor para los clientes. Muchas empresas que utilizan esta metodología dicen que les ha ayudado a mejorar su perspectiva de lo que el valor significa para los clientes. A pesar de que una empresa ya puede tener el título de ser la mejor en el campo, el rendimiento a menudo está muy lejos de lo que el cliente espera. Seis Sigma le permite a la compañía centrarse en brindar un buen valor al cliente sin dejar de obtener ganancias.

- Puede ahorrar rendimiento y puede incrementar la tasa de mejora. No hay ninguna organización que no tenga como objetivo mejorar cada día, pero la mayoría fracasa. Seis Sigma brinda a la empresa la capacidad de adoptar herramientas y conceptos de una amplia variedad de disciplinas para ayudar a establecer una base que acelere el rendimiento y la mejora.

- Se puede crear una empresa que aprenda. Cuando sus empleados aprenden constantemente, significa que obtendrá más ideas de ellos, y esto puede empujarla hacia el futuro.

Los principios de Lean

Si bien pasaremos más tiempo hablando sobre estos principios más adelante, a medida que avanzamos en esta guía, es importante comprender bien la filosofía Lean antes de comenzar con Lean Seis Sigma. Para implementar esta filosofía en su empresa, debe considerar estos cinco principios antes:

1. Comience por especificar el valor del producto, pero mírelo desde la perspectiva de su consumidor final. El valor será definido por el cliente y no por la empresa. No importa lo que piense del producto. Si al cliente no le gusta, no lo va a comprar. Es necesario que usted, como empresa, comprenda sus procesos, mejore el flujo y evite el desperdicio tanto como sea posible.

2. Determine los pasos en su flujo de valor para su producto o una familia particular de productos. Una vez que tenga todos los pasos frente a usted, es más fácil ver cuál de ellos no agrega ningún valor y simplemente está desperdiciando tiempo.

3. Asegúrese de que los pasos que quedan son los necesarios y agregan algún valor al proceso. Además, asegúrese de que estos pasos estén en una secuencia cerrada. Esto asegura que el producto podrá fluir sin problemas, sin desperdicios ni costos adicionales, directamente al cliente.

4. Una vez que establece su flujo y está seguro de que se han eliminado los pasos innecesarios, puede posibilitar que los clientes obtengan valor de sus nuevos procesos.

5. Inicie este proceso nuevamente. Deseará seguir repitiendo estos pasos hasta acercarse a la perfección.

Lean thinking, o pensamiento lean, existe para proporcionar a su empresa una manera eficaz de mejorar la cantidad de valor que sus clientes pueden recibir al eliminar los desperdicios y al allanar el flujo de proceso.

Capítulo 4: Fases de Lean Seis Sigma

Este capítulo se centra en las fases específicas de Lean Seis Sigma y sus objetivos individuales. Como se mencionó en el capítulo anterior, el proceso Seis Sigma se basa en un sistema de cinco fases conocido como DMAIC. DMAIC es la abreviatura de Definir, Medir, Analizar, *Improve* (mejorar) y Controlar. Este capítulo desglosará todo esto para que pueda comprender mejor qué se pretende que hagan todas estas fases y qué proporcionan al usuario.

Fase 1: Definición

La fase de definición se basa en el simple objetivo de comprender cuál es la meta final del proceso con respecto a las medidas de revisión de la empresa y del flujo de trabajo. La primera parte esencial de esto es aprender cuál es su problema. Como Lean Seis Sigma se basa en la administración de su producción y el refinamiento de su proceso general de producción, debe definir su problema, antes que nada, y su problema en su método de producción. En algún lugar a lo largo de la línea, está malgastando su metodología de producción. Es posible que esté gastando demasiado en cosas innecesarias, o que simplemente esté gastando dinero donde no lo necesita. Esta parte del proceso consiste en encontrar cuál es ese problema y luego definir metas claras para todo el proceso.

Análisis Kano

La idea del análisis Kano es observar su producto o su proceso de producción y tratar de encontrar lugares donde se puedan hacer recortes. Esencialmente, está delineando los requisitos del producto y / o el proceso de producción y luego los divide en cinco grupos diferentes: requisitos básicos, que son las cosas que debe hacer absolutamente; requisitos de rendimiento, que son las cosas que realmente ayudan a mejorar la satisfacción final para el destinatario final del producto; requisitos indiferentes, o cosas que no ayudarán ni perjudicarán la satisfacción final del cliente y, por lo tanto, no son necesarias; requisitos inversos, que son cosas que realmente pueden perjudicarle si se cumplen; y los requisitos de deleite, que son cosas que están destinadas a atraer personas a un producto determinado, incluso si no son realmente necesarias para que el producto o el proceso de producción se ejecuten según lo previsto. Nuevamente, estos pueden referirse a la satisfacción final del cliente con el proceso o al estado general de ejecución del proceso de producción.

La fase de definición será la primera con la que se trabajará en Lean Seis Sigma. Los líderes del proyecto propondrán un plan de proyecto con el que quieran trabajar. Luego, desarrollarán una visión de alto nivel del proceso y entonces continuarán con la comprensión de las necesidades de los clientes. El equipo debe crear un esquema que pueda usar para guiar todos sus esfuerzos. Este esquema debe incluir algunas cosas importantes como la definición del problema, los objetivos, el proceso y el cliente.

Al definir un problema, debe presentar una declaración del problema. Debe haber datos que muestren que este problema ya existe dentro de un proceso. Luego, el equipo debe verificar que este problema sea de alta prioridad y que, si no se resuelve, tendrá un gran impacto en la empresa. Por último, deben determinar si la empresa tiene recursos suficientes para resolver el problema.

La definición de la declaración del problema implica la definición de términos medibles y limitados en el tiempo de cómo se verá el éxito del proyecto. Se pueden tomar tiempo para definir un proceso haciendo mapas para ayudar al equipo a decidir qué áreas son las más críticas y se deben examinar. La definición del cliente y todas sus necesidades implicarán ponerse en contacto con al menos algunos de estos clientes para escuchar lo que tienen que decir. Esto le proporcionará a su equipo información que puede ser muy útil para resolver sus problemas.

Fase 2: Medición

La fase de medición gira en torno a la obtención de métricas actuales con respecto a la producción y el desperdicio para que usted tenga algo concreto sobre lo que comenzar. Le ayudará a tener una idea de dónde necesita desarrollar y dónde se encuentra su referencia. Este es uno de los puntos más críticos en todo el proceso.

Este paso es donde se cuantifica el problema. Es importante que mida constantemente el proceso con los líderes de equipo que deben centrarse en la recopilación de datos. El primer paso aquí es establecer el rendimiento actual de su proceso o referencia que puede usar para medir cómo van las cosas. Debe establecer esta referencia antes de realizar cambios importantes.

El segundo paso es determinar la causa de los desperdicios o el problema con la ayuda de los datos que recopiló. El equipo debe ser capaz de crear un plan muy detallado para recopilar datos, y debe incluir dónde obtendrán los datos, cuántos deben recopilar y quién será responsable de esta tarea. Asegúrese de que su equipo pueda recopilar datos fiables en lugar de hacer suposiciones.

Finalmente, el equipo necesita poder actualizar el plan del proyecto. Cuando hayan terminado con la fase de medición, debería haber mucha información sobre la ejecución del proceso, los objetivos y los problemas.

Plan de proyecto

El plan de proyecto puede ayudarlo enormemente a desarrollar una idea de lo que es necesario para los próximos pasos. El plan de proyecto se compone de cinco aspectos. El primer aspecto es el caso de negocio, que describe por qué el proyecto en cuestión es importante. En el contexto de Lean Seis Sigma, esto tiene que ver con garantizar que se eliminen los residuos. El segundo aspecto es la declaración del problema al que se enfrenta y el objetivo final de todo el proyecto. El tercero es el alcance del proyecto, que define lo que cubre el proyecto e, idealmente, qué cosas describen el final del proyecto. El cuarto es el hito del proyecto, que detalla cuándo deben completarse diferentes tareas en el contexto del proyecto. El último es la delegación de recursos y roles, donde se define lo que necesitará y lo que todos harán.

Fase 3: Análisis

Durante la etapa de análisis, tratará de determinar las razones de los problemas en su proceso y cuáles son las causas principales de esos problemas. Este proceso implica que su equipo identifique la causa raíz del problema. El trabajo de su equipo es recopilar los datos, y puede incluso dividirlos de acuerdo con los tipos de datos que necesita. El equipo de revisión se habrá tomado el tiempo necesario para analizar los datos recopilados durante su fase de medición, y pueden elegir si desean o no incluir más información aquí. El objetivo de este paso es encontrar las causas principales de todos los desperdicios y defectos.

Durante esta fase, es importante que inspeccione cada paso del proceso con la ayuda de un análisis de proceso. El equipo debe realizar una lluvia de ideas sobre todas las causas probables de los desperdicios, los defectos y el tiempo perdido. Antes de finalizar este paso y pasar a la fase de mejora, las causas de su problema deben verificarse nuevamente. Una vez que se obtienen los datos adicionales, puede actualizar el plan del proyecto.

Prueba de hipótesis

En el proceso de análisis, va a llevar a cabo lo que se llama prueba de hipótesis. Lo que esencialmente significa la prueba de hipótesis es encontrar diferentes razones por las que una cosa u otra está sucediendo. Si es posible, tratará de forzar una medida estadística de comparación entre las dos midiendo la probabilidad de que se produzca un error o el otro. Va a comprimir sus comparaciones en una causa raíz única que luego pueda tratar de arreglar.

Fase 4: Mejora

La fase de mejora, está dedicada a encontrar una solución para el problema o los problemas identificados en la última fase del proceso DMAIC. En última instancia, está tratando de encontrar algún tipo de solución significativa, y luego implementar esa solución a través del tiempo gracias a un plan de acción implementado estratégicamente.

Parámetro de la solución

En el método de parámetro de la solución, intentará nombrar diferentes soluciones y luego establecerá parámetros para cada una. Estos parámetros deben responder preguntas esenciales, como, por ejemplo, cómo cada solución es superior a las demás. Luego, proponga numerosas soluciones y escriba una declaración de decisión que describa todos los aspectos diferentes que una solución dada debe cumplir.

Después, comience a clasificar sus criterios en dos categorías diferentes: las cosas que deben suceder y las cosas que quiere que sucedan. Cuando una solución no satisface la primera categoría, el equipo sabe que no es una solución adecuada. El equipo puede usar la segunda categoría para decidir una solución determinada.

Solución piloto

Después, debe intentar implementar la solución en cuestión y ver cómo funciona. Si los resultados son positivos, entonces sabe que la solución es válida y puede intentar adaptarla a una escala mucho mayor.

Fase 5: Control

La última fase es la de control, que se basa en la monitorización de los cambios implementados durante un período de tiempo más largo y en asegurar que los cambios merecen la pena y que continúan funcionando. Esta fase también tiene como objetivo asegurarse de que exista una infraestructura apropiada para ayudar a garantizar que no vuelvan a surgir los mismos problemas y que las soluciones funcionen de manera efectiva a largo plazo. Con el tiempo, observe su solución y sus diversas métricas para asegurarse de que está avanzando como esperaba; esto le dará un importante marco de referencia para la implementación y el mantenimiento a largo plazo.

El objetivo de esta etapa es mantener la nueva solución que ha implementado. Es similar a lo que se ve en la gestión de procesos, y el equipo involucrado dedicará tiempo a documentar cómo los empleados dentro de este proceso accederán y luego utilizarán su nueva infraestructura. Tenga en cuenta que este proceso siempre debe ser trabajado y mejorado y que el control nunca debe realizarse tan solo una vez.

Lo que esto significa es que el equipo a cargo de descubrir y desarrollar nuevas soluciones debe identificar algunos parámetros que deben monitorear en todo momento, y esto también debe ir de la mano con un plan de respuesta en caso de que surja algún problema. Debería haber muchas formas de documentar el proceso, incluido el uso de mapas de proceso y listas de verificación. El nuevo conocimiento adquirido se utilizará para mejorar los procesos en otras partes de la empresa. Por supuesto, cada proyecto que ha sido exitoso debe ser compartido y celebrado con todos.

Capítulo 5: Combinando Lean y Seis Sigma

Como puede ver, hay muchos pasos para el proceso Seis Sigma, pero no es tan complicado como podría parecer. El proceso Seis Sigma y el Lean ideal en realidad funcionan muy bien juntos, lo que le permite reducir enormemente el desperdicio en todo su flujo de trabajo. Específicamente, a través del análisis de datos de Lean Sigma y de la fase de medición, podrá encontrar lugares en su proceso que deben mejorarse.

A continuación, podrá utilizar las metodologías Lean y Seis Sigma de forma sistemática para crear una gran cantidad de soluciones. Estas soluciones tienen un gran potencial para mejorar su producción de manera integral. La mejor manera de implementar las dos juntas sería comenzar desde lo más alto, con los problemas más generales con respecto a su proceso de producción y dónde van las cosas mal.

Si encuentra que, por ejemplo, está perdiendo mucho tiempo esperando, entonces debería tratar de encontrar la manera de eliminar la mayor cantidad posible de dicho tipo de desperdicio. Luego, debe trabajar hacia abajo, encontrando cada vez menos problemas generales a medida que ajusta su proceso de producción y trata de eliminar tantas fuentes de desperdicio como sea posible. Lean Seis Sigma está diseñado para ayudarlo a comprender por qué y cómo su empresa está generando pérdidas, y le brinda las herramientas y el marco para intentar solucionarlo usted mismo.

Todas las empresas tienen el mismo objetivo en mente cuando se trata de dirigir su negocio. Quieren producir un producto lo más barato posible y entregárselo al cliente lo más rápido posible, y quieren hacerlo con la menor cantidad posible de obstáculos y dificultades.

El vínculo débil con este cambio también es el vínculo potencialmente más fuerte: las personas. Cada compañía necesita tener mucha gente para ayudar a que funcione. Necesitan aquellos que hacen el producto, aquellos que envían el producto a los clientes, los que responden preguntas, los que ayudan a los clientes, los que comercializan el producto y mucho más. Si las personas saben cómo hacer su trabajo y están dispuestas a trabajar juntas, se convierten en un vínculo sólido para la empresa; sin embargo, si la empresa no tiene personas que puedan trabajar juntas, especialmente en muchos departamentos diferentes, se podrían generar muchos desperdicios.

Para asegurarse de que está aumentando la productividad de las personas para minimizar parte de su riesgo y sus desperdicios, tendrá que recurrir a un proceso que funcione. El proceso Lean fue desarrollado originalmente por la compañía Toyota. Decidieron que estaban perdiendo mucho tiempo y dinero en sus plantas de fabricación y decidieron hacer cambios para disminuir todo este desperdicio. Los cambios terminaron aumentando la eficiencia de la empresa Toyota.

Desde entonces, las filosofías de producción Lean se han incorporado a muchas empresas diferentes y las han ayudado a eliminar los desperdicios y obtener mejores resultados. Aunque originalmente fue desarrollado como una herramienta de fabricación, se ha abierto camino en muchos tipos diferentes de negocios, así como en muchas industrias y tiendas. El pensamiento lean, o lean thinking, se puede encontrar en muchas industrias diferentes, como las empresas de software.

Mientras Toyota trabajaba en el desarrollo de la filosofía Lean, Motorola estaba haciendo algo similar con su metodología Seis Sigma. Esta metodología fue ampliamente reconocida durante la década de 1990 cuando General Electric, con la ayuda de su líder Jack Welch, desarrolló una de las piedras angulares del negocio. Estas dos empresas terminaron necesitando lograr lo mismo. Querían poder combinar la eficiencia de su gente con el requisito de reducir los desperdicios. Los dos conceptos están ahora vinculados. Comparten muchas similitudes, y la mayoría de las empresas optarán por el enfoque Lean Seis Sigma en lugar de usarlos por separado.

Si bien Seis Sigma se enfoca en mejorar el proceso de un negocio con la ayuda de un análisis estadístico de las métricas de producción, la metodología Lean se enfoca en mejorar el flujo del negocio y luego eliminar cualquier área del proceso que sea disruptiva e irregular. Estas pueden ser tan simples como tener herramientas u otros elementos en posiciones incómodas o tener una estación de trabajo desorganizada que fatigue el cuerpo y la mente.

Cada negocio tendrá que decidir cómo quiere hacer estas mejoras. Al tener un equipo en posición que revise todos los lugares del negocio que necesitan mejoras y luego priorizar lo que se debe hacer primero, se asegurarán de seleccionar los proyectos que les brindarán los mayores beneficios.

Al igual que muchos otros términos comerciales, el concepto de flujo puede atravesar una variedad de fronteras. Programadores profesionales, atletas y artistas buscan entrar en un estado que se conoce como "la zona". Estas técnicas y procesos de fabricación facilitarán que sus empleados sean lo más efectivos posible al tiempo que disfrutan de unas condiciones de trabajo satisfactorias.

Si bien la mayor parte de Seis Sigma trata principalmente sobre estadísticas, Lean es más sobre el flujo del trabajo. Pero a pesar de estas diferencias, tienen a la gente como componente en común. Si puede lograr que las personas sean parte del proceso de la manera correcta y desde el principio, el resto será fácil.

Algunas teorías establecen cómo el uso de Seis Sigma y Lean juntos parecen ser anti-intuitivo, pero funcionan bien como una entidad a pesar de eso. Esto se debe a que cuando los combina, ambos pueden realizar mejoras financieras positivas en una organización a través de un buen retorno de la inversión.

La idea principal aquí es que debe poder utilizar Seis Sigma y la metodología Lean combinados. Para lograr la excelencia operativa que busca obtener, no los trate como entidades o procesos separados.

Cuando utilice la metodología Lean y Seis Sigma, aprenderá cómo concentrarse en el propósito, las personas y el proceso. Esto le permitirá lograr una mejor transmisión de valor que terminará entregando el valor más alto a su cliente, la calidad más alta que puede producir y el costo más bajo para el negocio. Le dará una ventaja competitiva sobre los demás, siempre y cuando lo use de la manera adecuada y le dará la diferenciación que su empresa puede estar requiriendo en este momento.

Muchas compañías podrían estar explorando diferentes opciones que se pueden usar para reducir el desperdicio en sus empresas y ser más eficientes. Saben que esto les ayudará a brindar un mejor servicio al cliente, a hacer un mejor producto e incluso a ahorrar mucho dinero. Lo bueno es que, si está considerando si desea utilizar la metodología Lean o Seis Sigma, puede combinar estas dos en la metodología Lean Seis Sigma y obtener resultados asombrosos.

Capítulo 6: Preparándose para Lean Seis Sigma

Ahora que sabe un poco más sobre Lean Seis Sigma, es hora de prepararse para implementarlo. Muchas de las compañías deciden no trabajar con Lean Seis Sigma porque piensan que los métodos son demasiado complejos. Afirman que simplemente no tienen los recursos adecuados para desarrollar una infraestructura y luego formar a los empleados según los requisitos. Estas compañías pueden incluso llegar a decir que este método es una carga que en realidad terminaría pesándoles aún más, por lo que es casi imposible satisfacer las necesidades de sus clientes.

Las compañías que dicen tales cosas generalmente no tienen una comprensión clara de cómo funciona Lean Seis Sigma. Por supuesto, lleva tiempo capacitar a sus empleados para que estén listos para usarlo, pero esta metodología está ahí para hacerle más eficiente, ayudarle a brindar un mejor servicio al cliente y mucho más. Echemos un vistazo a algunas de las cosas que debe hacer al prepararse para Lean Seis Sigma; es decir, conocer más acerca de sus clientes para que pueda atenderlos mejor.

Conociendo a sus clientes

Lo primero que deberá hacer al prepararse para Lean Seis Sigma es saber quiénes son realmente sus clientes. Descubrirá que conocer a su cliente marcará la diferencia cuando sea el momento de prepararse para su proyecto Lean Seis Sigma. Si pasa todo el tiempo tratando de hacer cambios en un producto o en un proceso sin tener en cuenta si les gustarán los cambios a sus clientes o cómo les afectarán, entonces perderá mucho tiempo y dinero

Existen tres factores críticos que debe considerar para determinar sus clientes reales y cómo puede ayudarlos mejor. Estos tres factores se enumeran a continuación:

1. *El cliente principal*: muchas empresas caen en la trampa de pensar que su distribuidor es su cliente principal. Pero esto no es cierto. El consumidor final tiene necesidades y requisitos que debe atender. Si no lo hace, lo lamentará, porque las demandas de sus servicios y productos disminuirán.

   ➢ Por supuesto, todavía puede considerar al distribuidor como un tipo de cliente. Su distribuidor es muy importante para el proceso porque es el que impulsa el producto por usted. Sin embargo, lo que hay que recordar es que, si el cliente final está contento, el distribuidor también se beneficiará.

2. *La congruencia de los puntos débiles de los diferentes clientes*: Sus clientes pueden tener necesidades similares, pero también habrá necesidades que no coincidan. Es su trabajo comprender dónde se encuentran estas diferencias y similitudes en los puntos débiles.

   ➢ Por ejemplo, un distribuidor puede estar más interesado en transacciones eficientes, mientras que el usuario final necesitará más orientación y formación. Estos dos puntos débiles son distintos y es posible que la empresa deba abordar ambos o solo uno. La compañía podría medir el impacto de cada uno de estos puntos débiles en su flujo de ingresos y determinar cuál es el más importante.

3. *El valor del cliente*: es cierto que un usuario final no puede ser igual a un distribuidor o un intermediario. Por otro lado, su distribuidor solo estará contento si el usuario final está contento. Un usuario final que no esté satisfecho con los servicios y productos de la empresa podría costarle tiempo y dinero al distribuidor.

  ➢ Si esto llega a extremos, un distribuidor que venda varias marcas diferentes puede verse obligado a recomendar marcas rivales antes que las suyas. Esta es una gran pérdida financiera para usted como compañía, especialmente a largo plazo. Debe preguntarse qué clientes tienen mayor valor para usted.

Agrupando los clientes

Una buena manera de ver a sus clientes y sus diferentes requisitos es segmentarlos en grupos. Esto es útil para desarrollar productos y servicios que satisfagan los distintos requisitos de cada grupo. También puede permitir a la compañía desarrollar medidas que puedan abordar los problemas de rendimiento relacionados con cada grupo.

Es importante que se tome el tiempo para agrupar a sus clientes. A menudo hay tantos clientes que se vuelve casi imposible considerarlos a todos e intentar averiguar qué querrán si los mira como un todo. Sin embargo, cuando se toma el tiempo necesario para agrupar a sus clientes, es más probable que encuentre patrones útiles. Además, esta es una excelente manera de que tenga una idea más clara de sus clientes y de lo que ellos quieren y necesitan de sus productos, servicios y negocios.

Puede agrupar a sus clientes de la manera que elija, pero algunas de las opciones que puede considerar incluyen:

- Edad
- Tamaño
- Uso final
- Sensibilidad al precio
- Gasto
- Factores socioeconómicos
- Impacto
- Características de compra
- Industria
- Frecuencia de compra
- Lealtad
- Localización geográfica
- Género

Entendiendo el proceso del cliente

Lo primero que debe hacer para desarrollar un enfoque organizado para comprender el proceso de su cliente es crear una estrategia de cliente. La mayoría de las empresas pueden creer que su estrategia de cliente es bastante sólida; es decir, asignando un gran presupuesto para el departamento de ventas. Sin embargo, este es un ejemplo de una estrategia de cliente débil que realmente no lo ayudará a comprender cómo funciona el proceso del cliente. Entonces, ¿cuál será el mejor enfoque para ayudarlo a comprender el proceso del cliente?

Hay tres maneras diferentes en que los líderes de equipo y los gerentes pueden resumir y documentar la estrategia de cliente para un negocio. Algunas de estas son las siguientes:

Desarrollando una arquitectura de negocio

Este paso tiene como objetivo garantizar que todos los integrantes de la empresa puedan visualizar y comprender los diferentes departamentos y cómo están vinculados. El problema con la mayoría de las empresas tradicionales es que los trabajadores no tienen idea de cómo las actividades que realizan cada día afectan a los otros departamentos. Dependiendo del departamento en el que se encuentren, es posible que ni siquiera entiendan cómo afecta su trabajo al cliente. Para una compañía Lean Seis Sigma, una comprensión de la arquitectura empresarial ayudará a resolver este problema.

Para entender la arquitectura empresarial, las personas necesitan poder verla gráficamente. Tendrá que representarlo en un diagrama que pueda mostrar fácilmente cómo sus clientes están vinculados a los diferentes procesos de negocio. Recuerde que estos procesos no serán igual entre los departamentos dentro de la empresa.

Para hacer las cosas un poco más fáciles, hay cinco factores clave que pueden ayudarlo a determinar si una compañía ha desarrollado una arquitectura de negocio funcional. Estos incluyen los siguientes:

- La arquitectura es lo suficientemente simple como para que quepa en un diagrama de una página.
- Cada departamento dentro de la empresa está representado en el diagrama.
- La arquitectura puede vincular los departamentos en relación con los procesos que más les importan a sus clientes.
- Cada persona de la empresa podrá trazar una línea visual del trabajo que realiza cada día para el cliente.
- La arquitectura se centra más en cómo la compañía planea satisfacer las necesidades de los clientes para que pueda lograr sus objetivos en lugar de cómo se está ejecutando el negocio actualmente.

El desarrollo de este tipo de arquitectura de negocio facilitará el flujo de otros procesos de trabajo. Una vez que la tiene lista, la investigación del cliente será dirigida más fácilmente hacia la dirección correcta. Por ejemplo, los productos pueden evaluarse para ayudar a determinar qué tan eficazmente pueden proporcionar valor al cliente, o los fondos pueden canalizarse hacia los procesos que más lo necesitan. Las medidas que resuelven problemas también pueden ser refinadas para adaptarse a esta arquitectura.

Desarrollar un plan Hoshin

Hoshin es una palabra que puede traducirse como brújula. Este es un proceso de planificación estratégica que involucrará a la compañía para establecer su dirección y luego alinear los recursos disponibles para ayudar a cumplir los objetivos a largo plazo. La planificación Hoshin implica ejecutar y formular estrategias para ayudarle a satisfacer las necesidades de su empresa y, al mismo tiempo, alcanzar los objetivos de los accionistas. Se documentará el enfoque y el plan de implementación de 12 meses de su organización. Un plan Hoshin debe incluir los siguientes elementos:

Implementar objetivos

- Establezca métricas clave a nivel ejecutivo.
- Decida las métricas operativas, financieras y de clientes para ayudar a respaldar sus métricas estratégicas.
- Limite las métricas clave para poder concentrarse en las más críticas.
- Acuerde cómo se toman estas medidas y cómo se anunciarán.
- Revise el rendimiento cada semana.

Seleccionando los proyectos clave

- Asegúrese de que todos los proyectos clave puedan vincularse de nuevo a su plan Hoshin.
- Asegúrese de que ningún proyecto deja de ser elegido para evitar costes. Cada proyecto debe mostrar evidencia de mejoras en la productividad, satisfacción del cliente y ahorro de ingresos.
- Revise el proyecto a nivel ejecutivo. Esto se puede hacer cada mes para ayudar a determinar qué progreso se ha hecho hacia los objetivos.

- Concéntrese en el progreso medible durante las revisiones y asegúrese de que los recursos financieros correctos estén disponibles con anticipación.
- Celebre el éxito de un proyecto completado y pase al siguiente.

Desarrollando un diagrama de información, proceso e infraestructura

La función del diagrama IPI es elevar la arquitectura de negocio y las estrategias de planificación Hoshin mediante una imagen precisa del presente y del entorno empresarial futuro. Este diagrama se crea a través de un proceso que se esfuerza por ser iterativo y dinámico. La práctica común es utilizar las herramientas DMAIC para ayudarlo a obtener la documentación e información correctas. Luego, creará los dibujos y, finalmente, los verificará para asegurarse de que estén representando correctamente el entorno presente y futuro de la empresa.

Uno de los elementos fundamentales que encontrará en un diagrama IPI es el SIPOC (Supplier, Input, Process, Output, Client) o el diagrama Proveedor, Entrada, Proceso, Salida y Cliente. Este diagrama debe representar lo que hace una organización para satisfacer las necesidades de un cliente.

Otro bloque de construcción de este diagrama es el mapa de flujo de valor. Este le ayudará a saber qué pasos agregarán valor y cuáles no mientras observa desde la perspectiva de su cliente.

Un proceso de estrategia del cliente que esté bien definido debe estar respaldado por el diagrama IPI, el plan Hoshin y la arquitectura de negocio. Una empresa centrada en el cliente siempre debe esforzarse por mejorar la experiencia del cliente al mismo tiempo que le sea posible generar más beneficios y acelerar el crecimiento.

Todas estas partes son necesarias para ayudar a la empresa a utilizar el método Lean Seis Sigma de la manera correcta. Sin comprender a su cliente adecuadamente, todas las estrategias en las que trabaje se quedarán cortas. Eche un vistazo a la información que tiene sobre su cliente, así como a algunas de las secciones mencionadas en este capítulo, para que pueda prepararse para trabajar con Lean Seis Sigma.

Capítulo 7: Entendiendo las necesidades del cliente

Las necesidades de su cliente siempre están cambiando. Algunos de los servicios o productos que la gente pensaba que eran útiles hace unos años ya no están en el mercado. En algunos casos, es posible que el cliente ni siquiera se dé cuenta de que sus necesidades han cambiado, y se sorprenderán, de buena manera, cuando su negocio lance nuevos productos y más avanzados para usar. Echemos un vistazo a algunas de las técnicas de medición que puede utilizar para obtener una comprensión más profunda de su cliente.

El modelo de Kano

El modelo de Kano puede ayudar a una empresa a analizar las necesidades del cliente y cómo puede identificar estos requisitos. De acuerdo con este modelo, la satisfacción del cliente será proporcional al nivel de funcionalidad que tenga el servicio o producto. El modelo de Kano se centrará en satisfacer tres tipos de necesidades:

- *Necesidades básicas*: debe poder satisfacer necesidades básicas solo para ingresar en el mercado. Estas necesidades básicas son las características esperadas que tiene un servicio o producto. No se suele hablar de ellas porque son bastante obvias. Si no se satisfacen estas necesidades básicas, el cliente estará extremadamente insatisfecho. Por ejemplo, una mesa limpia y cubiertos limpios se consideran necesidades básicas en un restaurante. El cliente los esperará sin preguntar.

- *Necesidades deseadas*: la satisfacción de estas necesidades le permite a la empresa mantenerse en el mercado. Las necesidades deseadas serán las características estándar que reducirán o elevarán la satisfacción del cliente, según su escala, como la rapidez o el precio. Estas necesidades son típicamente solicitadas por el cliente. Volviendo al ejemplo del restaurante, esto podría incluir que el cliente solicite una sección para no fumadores o acceso a una red Wi-Fi.

- *Necesidades motivantes*: cuando satisface estas necesidades, puede pasar a ser una empresa de clase mundial. Los productos o servicios deben incluir algunas características que, si bien son inesperadas, impresionarán a los clientes. Estas no suelen ser solicitadas. Por ejemplo, un hotel podría proporcionar galletas recién horneadas durante el servicio de habitaciones nocturno.

Identificación de los requisitos de sus clientes

Las necesidades básicas de los clientes se pueden identificar de varias maneras. Las mejores técnicas que puede utilizar para ayudarle con esto incluyen las siguientes:

- Los informes de pérdidas y ganancias
- Medidas internas del proceso de calidad
- Análisis de desgaste
- Sistemas de quejas

También se puede tomar el tiempo para identificar las necesidades deseadas. Puede identificarlas usando las siguientes técnicas:

- Grupos de sondeo
- Encuestas sobre la satisfacción del cliente
- Encuestas perceptivas
- Informes transaccionales

Además, deberá tener en cuenta algunas de las necesidades motivantes. Para determinar cuáles son, utilice las siguientes técnicas:

- Foros de vanguardia
- Grupos de sondeo *inventa-el-futuro*
- Programas de fidelización de clientes.

El modelo Kano está destinado a ayudar a una empresa a reconocer las necesidades de las que el cliente no habla para que estas necesidades puedan convertirse en una prioridad. Para aprovechar al máximo este modelo, debe incorporarse en el plan de proyecto multigeneracional para el negocio. Por supuesto, primero debe satisfacer las necesidades básicas, o sus clientes se sentirán muy decepcionados, pero la empresa debe comprender que las expectativas van a variar con el tiempo. Por ejemplo, el acceso Wi-Fi solía ser un servicio adicional, pero para muchos clientes, se ha convertido en un servicio esperado.

Voz del cliente

La Voz del Cliente (VOC) se refiere a las preferencias, expectativas y comentarios del cliente con respecto a su servicio o producto. Es un proceso que una empresa puede utilizar para recopilar comentarios de los clientes con el objetivo final de proporcionarles servicios y productos de mejor calidad. Existen dos métodos principales que puede utilizar para clasificar a sus clientes:

- *Clientes internos*: estos son los clientes que ya están en la organización. Estos pueden incluir departamentos, empleados y administración que se encuentran dentro de la empresa.

- *Clientes externos*: son los clientes que existen fuera de la empresa. Son los usuarios finales de los servicios y productos, y tienen un interés depositado en la empresa. Estos pueden incluir algunas personas como los accionistas, clientes y usuarios finales.

La organización debe ser proactiva e innovadora todo el tiempo para mantenerse al día con los requisitos y necesidades cambiantes de sus clientes. La voz del cliente puede ser expresada o no expresada. La metodología de VOC se utilizará para capturar las necesidades del cliente con comentarios literales. A través de VOC, la compañía podrá traducir los comentarios que el cliente dé a necesidades del cliente. Luego, pueden tomar esa información y usarla para crear nuevos productos y servicios que sus clientes necesitarán.

Las categorías de VOC

Para simplificar las cosas, podemos separar VOC en cuatro clases generales. Estas cuatro clases serán referidas a menudo como AICP. Las cuatro clases incluyen lo siguiente:

- *Voz del Asociado*: Esta es la crítica obtenida por los empleados.
- *Voz del Inversionista*: estos son los comentarios de los accionistas y las personas en la administración.
- *Voz del Cliente*: este es el *feedback* de los clientes y los usuarios finales.
- *Voz del Proceso*: se trata de comentarios recibidos después de medir el CTQ (Crítico para la calidad) y CTP (Crítico para el proceso).

Métodos de VOC

Hay una variedad de formas en que puede obtener los comentarios que necesita de sus clientes. Algunas de las mejores técnicas son las siguientes:

- *Entrevistas directas*: son reuniones individuales con clientes potenciales o existentes. El entrevistador tendrá preguntas y las respuestas proporcionadas por el cliente se utilizarán para ayudar a la empresa a comprender qué necesitan agregar o mejorar.

- *Observaciones*: esto implica observar el comportamiento o la respuesta del cliente a los productos y servicios.

- *Grupos focales*: implica colocar a un grupo de individuos en una habitación. Luego se les pide que discutan temas específicos relacionados con los productos o servicios de la empresa.

- *Encuestas*: son cuestionarios que se envían a los clientes. Son comunes porque son muy rentables, pero los que lo hacen a menudo no obtienen una gran tasa de respuesta de los clientes.

- *Sugerencias*: las opiniones de los clientes se recopilan y luego se analizan para ver si se pueden utilizar para mejorar productos o servicios.

Con el tiempo, es posible que los métodos de VOC no sean siempre los mejores. Claro, pueden darle un buen comienzo para comprender lo que quieren sus clientes, pero a menudo, el cliente no podrá explicar sus necesidades de una manera que pueda ayudar a una empresa a mejorar o crear buenos productos y servicios que el cliente realmente quiera. Algunas de las razones para esto son las siguientes:

- El cliente puede no estar al tanto de lo que hace la empresa.

- Los clientes están acostumbrados a mostrar creatividad solo cuando se trata de sus propios trabajos, no al analizar los servicios o productos que utilizan.

- Los clientes pueden reaccionar a una idea específica que escuchan, pero tienen grandes dificultades para desarrollar sus propias ideas.

- Los clientes a veces pueden mentir sobre cuánto les gusta un nuevo producto. Tal vez no quieran discutir u ofender.

Dado que preguntar al cliente no es siempre la mejor manera de ayudarle a mejorar su proceso o servicio, necesita encontrar otra forma de obtener la respuesta que desea de sus clientes. ¡Y sí! La mejor manera de hacerlo es en este momento a través de la etnografía del cliente.

Etnografía del cliente

La etnografía del cliente implica hacer observaciones cercanas sobre sus clientes e incorporar sus comportamientos en el diseño de su servicio o producto. La etnografía también se conoce como el estudio sistemático de un grupo de personas en su entorno natural.

Para que esto funcione, una empresa necesita poder encontrar una manera de integrarse en la vida de sus clientes. Esto les ayuda a comprender mejor las necesidades del cliente y la forma en que sus clientes utilizan los productos y servicios de la empresa en la vida real.

La etnografía está destinada a ayudar a generar una comprensión más intuitiva de lo que necesita el cliente para que pueda encontrar soluciones creativas. Para hacer esto, la compañía puede comenzar seleccionando diez de sus clientes potenciales o existentes. La etnografía se ocupa más de la calidad que de la cantidad, por lo que este número debería ser suficiente. La compañía luego contrataría un equipo de personal capacitado para ayudar a observar a estos clientes. Los objetivos aquí deben ser los siguientes:

- Establecer una perspectiva completa y holística sobre las necesidades de sus clientes. Se anotará cada comportamiento o actividad que de alguna manera esté asociada con una necesidad, servicio o producto específico.
- Reconocer y anotar las cosas que el cliente hace, especialmente las acciones realizadas de manera subconsciente.

- Identificar las frustraciones que tiene el cliente y si estas frustraciones están vinculadas al producto o no.

Como puede ver, la etnografía tiene el potencial de ayudar a una organización a desarrollar una visión realmente profunda del comportamiento y las necesidades de sus clientes. Y si se hace correctamente, lo ayudará a realizar grandes innovaciones en los productos y servicios que proporciona.

Sin embargo, la etnografía consume mucho tiempo y requiere mucho trabajo. Una empresa también debe mostrar cierta cautela porque esencialmente dependen de una pequeña muestra de sus clientes cuando intentan diseñar o mejorar sus productos. Al final, cuando haya terminado de realizar su estudio etnográfico, debe hacer un seguimiento con algunos métodos tradicionales de VOC para ayudar a verificar sus descubrimientos.

Comprender cómo se comporta su cliente, cuáles son sus necesidades básicas y qué otras cosas están buscando, puede ayudarlo a marcar una gran diferencia en los tipos de productos que diseñará para ellos. Esto puede contribuir a conectar mucho mejor con sus clientes y garantizará que sus ganancias aumenten.

Capítulo 8: Cómo obtener apoyo de la alta dirección

Para que Lean Seis Sigma funcione, es necesario que todos los miembros de la empresa se impliquen. Esto significa que, antes de comenzar con este programa, es fundamental que todos los miembros de la alta gerencia también estén comprometidos. Sin embargo, dicho esto, habrá momentos en que los esfuerzos de mejora serán impulsados por gerentes de nivel medio o inferior en lugar de los de arriba.

En algunos casos, puede terminar con una alta gerencia que no esté interesada en implementar Lean Seis Sigma. Es posible que no quieran invertir el dinero y el tiempo para realizar este proceso cuando ya están lidiando con muchas otras presiones financieras. Esto puede hacer muy difícil que las medidas de mejora de procesos se extiendan por toda la organización como deberían.

La buena noticia es que dos enfoques diferentes pueden ayudar a convertir la resistencia de la alta gerencia en apoyo. Estos enfoques son el enfoque sigiloso y el enfoque de compromiso inicial limitado. Echemos un vistazo a cada uno de ellos y veamos qué pueden hacer por usted.

Enfoque sigiloso

Con este enfoque, la administración o los departamentos individuales comenzarán a implementar los métodos de Lean Seis Sigma, pero a pequeña escala y de forma desapercibida. El objetivo es realizar los beneficios significativos de los procesos de mejora mientras se mantiene un perfil bajo. Varias variaciones vienen con este enfoque, pero aquí están las técnicas generales que puede seguir para hacer que funcione:

1. *Identificación y articulación clara de la brecha que separa el rendimiento del proceso deseado y el rendimiento real*: esto se puede hacer con un pequeño grupo central de personas que creen que necesitan mejorar el proceso. Se recomienda que uno o más del grupo principal tenga algún conocimiento sobre Lean Seis Sigma.

2. *Articulación de las necesidades de su proyecto*: este mismo grupo va a encontrar diferentes motivos por los cuales las mejoras que pueden venir con el uso de Lean Seis Sigma son beneficiosas para la empresa. Esto podría incluir al cliente y razones financieras. También pueden incluir algunas razones emocionales, como más orgullo en el trabajo, deshacerse de la burocracia y reducir la frustración laboral.

3. *Utilización de los criterios de selección de proyectos para evaluar proyectos potenciales*: estos criterios pueden incluir una variedad de cosas que incluyen un rendimiento rápido, apoyo de estrategia de negocio, mayor probabilidad de éxito, disponibilidad de sus datos y un proceso independiente que no necesitará ayuda de la alta dirección. El equipo también dedicaría algún tiempo a agregar otros criterios que puedan ayudar a demostrar cuán valioso puede ser Lean Seis Sigma para la administración.

4. *Finalización de la organización del proyecto*: el nivel del campeón[1] de su equipo debe seleccionarse para ayudar a resolver cualquier batalla política que se presente. Cada miembro del equipo también necesita recibir formación para ayudar a implementar el proceso.

5. *Abordar el problema con la ayuda de DMAIC*: para esta parte, debe centrarse en lograr unos pocos resultados rápidos en lugar de apegarse demasiado a la metodología. Esto implica que debería seleccionar algunos principios simples de Lean Seis Sigma y trabajar solo en ellos. De momento, solo quiere demostrarle a la alta gerencia los beneficios de Lean Seis Sigma y luego seguir desde ahí.

6. *Presente los resultados*: En este punto, mostrará los resultados a la alta dirección. Después de eso, su equipo solicitará implementar Lean Seis Sigma en toda la organización.

Enfoque de compromiso inicial limitado

El segundo enfoque en el que puede trabajar es el enfoque de compromiso inicial limitado. El objetivo de este enfoque es ayudar a solucionar algunos problemas en la empresa que son de interés para la alta dirección. También quiere poder demostrar la mejora rápidamente. Si se hace esto, será mucho más fácil para la alta dirección comprometerse y aceptar un amplio despliegue de Lean Seis Sigma. Los pasos a seguir para implementar este enfoque son los siguientes:

1. *Comprometerse con la alta dirección*: querrá encontrar entre dos y cuatro problemas que deben solucionarse. Este equipo tendrá tres miembros principales, y al menos uno de ellos debe tener algún conocimiento de Lean Seis Sigma.

---

[1] Gerente o administrador que lidera proyectos Seis Sigma, conocidos como 'Campeones o Champions'.

2. *Desarrolle en colaboración los criterios para el proyecto a seleccionar*: seleccione tres proyectos que cumplan con los criterios que ha establecido. Algunos de los criterios que puede considerar son los datos disponibles, el alto potencial de éxito, el retorno rápido de inversión, el apoyo y, al menos, un problema de la alta gerencia y la estrategia comercial.

3. *Finalice la organización del proyecto*: en este paso, debe haber algunos empleados de primera línea, así como gerentes de nivel medio que estén involucrados, y deben tener la formación adecuada.

4. *Identifique a las partes interesadas críticas*: su objetivo es encontrar maneras de hacer que se comprometan con el éxito de su equipo. Esto involucrará a su grupo original y tal vez a unas 15 personas. Luego los dividirá en algunos sub-equipos para ayudar.

5. *Utilice DMAIC para ayudar a abordar su problema*: al igual que con la otra opción, se debe centrar en los resultados y en obtenerlos rápidamente, más que en adherirse estrictamente a la metodología. Su objetivo es demostrar que Lean Seis Sigma puede dar resultados rápidamente a la empresa.

6. *Lleve a cabo controles regulares para asegurarse del progreso y cualquier ganancia financiera*: si se han realizado algunos progresos, se deben celebrar e incluso se deberían dar bonificaciones de algún tipo. Este será un paso que involucra a la alta dirección, así como al equipo de mejora. Las comprobaciones de estado deben realizarse a intervalos regulares a lo largo de su proyecto.

7. *Presentar sus resultados finales*: muestre los resultados a la alta gerencia y utilícelos para convencerlos de implementar esta metodología en toda la compañía.

Cómo eliminar cualquier resistencia a Lean Seis Sigma

Si tiene algunas personas en la alta gerencia que no están interesadas en implementar Lean Seis Sigma, hay algunos pasos que puede usar para suprimir esta reticencia. Algunos de los puntos que debe tratar de seguir son los siguientes:

- *Asegúrese de que los resultados sean rápidos*: los beneficios de su proyecto deben ser vistos rápidamente y deben superar los costes en los que incurra. Como máximo, debe tener un período de tiempo que no supere las cinco semanas y su objetivo debe ser un 30% o más de retorno. Desea realmente convertir a los jefes de la administración y mostrar lo que Lean Seis Sigma puede hacer.

- *Utilice buenos criterios de selección de proyectos*: esto garantiza que su equipo pueda elegir los mejores proyectos y demostrar el mayor valor posible a la alta dirección.

- *Defina bien el alcance del proyecto*: el alcance debe ser lo suficientemente estrecho como para que se pueda completar de manera rápida y lo suficientemente amplio como para que pueda aportar algunos beneficios reales. Los miembros del equipo deben poder mantener sus ojos fijos en los objetivos del proyecto original para que esto suceda.

- *Establezca sus propios objetivos*: un equipo que puede establecer sus propios objetivos es uno que encontrará mucho más fácil mantenerse comprometido y motivado para completar los proyectos, a pesar de las otras presiones que puedan tener.

- *Obtenga expertos en Lean Seis Sigma*: el equipo debe encontrar personas, ya sea externa o internamente, que sepan cómo implementar Lean Seis Sigma y sus principios. Esto hará que sea más probable que el proceso se use correctamente y que se implemente en toda la compañía.

- *Supervisar el progreso*: debe crear un plan que tenga algunos hitos clave, resultados claros y asignaciones de responsabilidad. Esto hará que sea más probable que obtenga resultados rápidos y de alta calidad. Debe poder mostrar a la alta gerencia, de los cuales pueden no estar todos involucrados, que puede obtener excelentes resultados cuando se usa Lean Seis Sigma.

- *Elija procesos intensivos en personal en lugar de intensivos en máquinas*: los proyectos de mejora que involucran a las personas tienden a dar mejores resultados porque los humanos tienen una mayor variabilidad en comparación con las máquinas. Esto significa que obtendrá algunas mejoras excelentes que no podrá conseguir cuando trabaje con máquinas.

- *Cree un buen ambiente de equipo*: la forma en que los miembros de su equipo interactúan entre sí marcará una gran diferencia en el éxito del proyecto. Los líderes del proyecto deben poder reunir a sus equipos de manera regular para ayudar a mejorar las relaciones de trabajo.

Para que Lean Seis Sigma realmente funcione para su negocio, debe asegurarse de que todos estén comprometidos. No es suficiente que solo unas pocas personas, o unos pocos departamentos, entiendan el valor de este método si el resto no se preocupa en absoluto. El uso de algunas de las estrategias en este capítulo le ayudará a que el resto de la compañía y toda su administración vean Lean Seis Sigma con más entusiasmo.

Capítulo 9: Planificación de la implementación

Implementar el proceso de Lean Seis Sigma es una decisión que su empresa debe tomar con seriedad. Antes de tomar estos pasos críticos, se deben formular y responder preguntas difíciles. Un buen paso para comenzar es sentarse y crear un plan que aborde los diversos problemas clave que afectan los procesos de su negocio. Los líderes y los ejecutivos que ayudan con este proyecto también necesitarán enumerar algunos de los desafíos potenciales que la empresa pueda enfrentar.

Tomando la decisión de implementar

El nivel de éxito que logre con las iniciativas de Lean Seis Sigma dependerá de si cumple o no ciertas condiciones. Antes de tomar este tipo de decisión, habrá algunas preguntas que debe hacerse:

1. *¿Existen razones convincentes para implementar Lean Seis Sigma?* Cada iniciativa tendrá algunos obstáculos cuando la implemente por primera vez. Tener una razón simple y motivadora para implementar este proceso le ayudará a

superar estos obstáculos. Algunas de las razones convincentes podrían ser que la satisfacción del cliente sea baja o que haya nuevos competidores que comienzan a dominar el mercado.

2. *¿Cuáles son sus objetivos explícitos de la iniciativa?* Tener una situación de necesidad es una de las mejores maneras de desarrollar el impulso necesario para implementar Lean Seis Sigma. Sin embargo, tiene que haber un impulso. Este provendrá de sus objetivos, que son específicos y le mostrarán cómo se verá la compañía en el futuro. Estos objetivos deben resaltar el caso de negocio de Lean Seis Sigma, y pueden incluir lo siguiente:
   a. Cambios fundamentales en la cultura y gestión empresarial.
   b. Conversión efectiva de la estrategia en resultados.
   c. Ingresos crecientes.
   d. Reducción de costos mientras mejora la satisfacción de sus clientes.
   e. Resolver problemas presentes en la organización.

3. *¿Los que están en la alta gerencia apoyan esta iniciativa?* El liderazgo no va a tener un sustituto. Debe haber participación para ayudar a dirigir el proceso, responsabilizar a los gerentes y derribar las barreras que puedan surgir.

4. *¿Podrá Lean Seis Sigma resolver alguno de los problemas que preocupan a la organización?* La mayoría de las organizaciones creen que este proceso podrá resolver todos sus problemas. Si bien este proceso es excelente, no es la respuesta a todo. Por ejemplo, si la empresa tiene un liderazgo deficiente, una estrategia empresarial deficiente y una reestructuración financiera, Lean Seis Sigma no ofrecerá las soluciones adecuadas. Debe analizar su negocio y determinar si esta es la mejor opción para usted o no.

Elegir un buen modelo de implementación

Este modelo de implementación se refiere al enfoque, alcance, escala y estructura de su implementación. Habrá muchos modelos que pueda usar, pero querrá asegurarse de que el modelo que elija sea el adecuado para su organización. Hay cuatro modelos que puede utilizar para la implementación:

Modelo de organización completa

Se considera como el modelo tradicional que usa la mayoría de las organizaciones. Se requerirá una administración sólida que los líderes principales deben conducir. Todos los sectores de esta organización están involucrados, y los resultados se notan rápidamente. Este método le permitirá mejorar más de una función a la vez, ya que todas están involucradas. Los obstáculos que vienen con la implementación serán eliminados con la ayuda de la alta dirección.

El mayor problema con este modelo es que debe tener un buen liderazgo para que funcione. Esto puede ser un gran problema para algunas empresas. También debe haber un equipo de implementación comprometido. Este modelo utilizará muchos recursos y, en algunos casos, otras iniciativas en la empresa que podrían sufrirlo. También puede ser difícil de ejecutar de forma correcta. Sin embargo, si se hace bien, puede tener un gran impacto en el negocio. Este modelo es considerado como el más sostenible.

Modelo de unidad de negocio

Con este modelo, desplegará Lean Seis Sigma en solo una de las unidades o departamentos de su negocio. Va a ser menos complejo en comparación con el modelo anterior porque solo necesitará una pequeña parte de su empresa para respaldar las diversas funciones, como el seguimiento de proyectos y la formación. Debido a que es más pequeño en tamaño y naturaleza, a veces es más fácil conseguir que la administración adopte estas ideas. Todavía necesitará un líder de departamento fuerte, pero no necesitará apoyo ejecutivo al principio, lo que lo hace adecuado para compañías cuya gente pueda ser escéptica sobre el uso de Lean Seis Sigma.

La desventaja de usar el modelo de unidad de negocio es que no va a tener un gran impacto en la cultura de la empresa. También será difícil para el equipo de implementación trabajar en todos los departamentos para ayudar a mejorarlos. Este modelo tendrá que probarse a sí mismo antes de poder transferirlo a toda la compañía, y esto puede llevar años.

Modelo dirigido

Con el modelo dirigido, el método Lean Seis Sigma se implementará para atacar un problema específico que existe dentro de un departamento o en toda la organización. La implementación será rápida y efectiva. Debido a la escala limitada de esta iniciativa, no necesita una tonelada de infraestructura y no necesita realizar muchos cambios. Los problemas pueden ser el punto focal y la motivación para actuar. Este modelo es a veces una buena manera de mostrar la eficacia de Lean Seis Sigma rápidamente.

Por otro lado, este modelo está estrechamente enfocado y no podrá transformar el negocio. Además, dado que no existe una gran infraestructura para ayudar a respaldar el modelo, puede ser difícil expandir esta iniciativa a otras partes de la organización si así lo decide.

Modelo de base

Este método involucra a algunos individuos en los rangos más bajos de la compañía que implementa Lean Seis Sigma para resolver un problema. No va a haber mucha infraestructura para soportar este debido a su escala, por lo que es bastante fácil de implementar. Si la iniciativa localizada tiene éxito, es posible que otros departamentos también se interesen en este método.

El problema que viene con este modelo es que rara vez se convierte en una implementación más amplia. Parece más un modelo tipo guerrilla donde el nivel superior de administración no va a estar involucrado y, por lo tanto, la mayoría de los recursos que se necesitan no estarán allí. Dado que no hay mucho apoyo, es difícil expandir el alcance más adelante. Con este modelo, los resultados que obtenga serán muy pequeños para toda la empresa y es menos probable que capten mucha atención de la alta dirección.

Obtener el talento adecuado

La cultura de su empresa a veces puede cambiar tomando a algunos empleados de alto potencial, dedicando algo de tiempo a formarlos como cinturones negros[2] y luego devolviéndolos a la fuerza laboral en una posición de liderazgo. Estos empleados pueden trabajar en la aplicación de los principios de Lean Seis Sigma cada día.

El desafío para la mayoría de las empresas es identificar quiénes son los empleados con mayor potencial, descubrir cómo ubicarlos en los puestos de liderazgo adecuados y luego gestionar las expectativas y percepciones de los demás en la empresa. También existe un poco de temor de que las empresas de la competencia cacen a los empleados que son reconocidos como los de mejor rendimiento. Además, los gerentes pueden tener diferentes opiniones sobre quién es el que rinde mejor. Trabajar con el departamento de recursos humanos y elaborar buenas políticas puede marcar la diferencia cuando se trata de hacer que esto funcione.

Mantener el enfoque

Muchas iniciativas van a tener problemas para centrarse en los temas que más importan. Piense en un equipo que complete estos procesos de mejora solo para saber que nadie se preocupó por el problema en primer lugar. La irrelevancia es la mayor amenaza para una iniciativa Lean Seis Sigma.

---

[2] Nivel de certificación dentro de Seis Sigma.

El despliegue del plan siempre debe poner su énfasis en los temas que son relevantes. La gerencia nunca debe centrar su atención en ningún proyecto que sea irrelevante, mediocre o pequeño simplemente para asegurarse de que sus cinturones negros estén ocupados. Y para asegurarse de que Lean Seis Sigma siga siendo relevante, se deben seleccionar los proyectos adecuados. Para determinar qué proyectos son los más relevantes, se deben tener en cuenta los objetivos de negocio más importantes.

¿Vale la pena?

Su organización obtendrá buenos resultados cuando implemente Lean Seis Sigma. Habrá algunos riesgos, pero no son técnicos. La metodología, las herramientas y la capacitación no son lo suficientemente complejas como para justificar postergar la iniciativa. Lo que finalmente marca la diferencia entre un despliegue impactante y una iniciativa de administración fallida es la capacidad de resolver los problemas de la gestión del cambio, el compromiso del liderazgo, la gestión del talento y la responsabilidad por los resultados.

Errores de implementación que su empresa debe evitar

En este punto, debe saber que la implementación de Lean Seis Sigma producirá muchos beneficios para su negocio. Sin embargo, es posible que la implementación Lean termine fallando cuando comience, lo que puede resultar en una pérdida de tiempo y recursos. Esto es a menudo porque los errores de implementación no se manejaron de la forma en que deberían. Es importante que reconozca estos errores y aprenda a evitarlos a toda costa. Veamos algunos de los errores de implementación más comunes de Lean Seis Sigma que debe evitar y cómo resolverlos.

Apoyo de liderazgo débil

La forma principal de obtener cierto éxito con Lean Seis Sigma es lograr un compromiso sólido en el liderazgo. La alta gerencia debe respaldar el proyecto que desea implementar en toda la empresa, y se deben tomar medidas para apoyar sus palabras.

La solución es mantener el liderazgo superior involucrado en todos los pasos del proceso. La alta gerencia necesita tomarse su tiempo para comunicarse de manera correcta con el personal, enfatizando lo importante que es centrarse en el proyecto Lean Seis Sigma como la forma de lograr los objetivos de la organización. El liderazgo también debe dedicar algo de tiempo para revisar el progreso de la implementación para asegurarse de que las cosas estén bien encaminadas durante todas las reuniones de administración.

Alcance demasiado amplio

Cada vez que su proyecto Lean Seis Sigma termina fallando, generalmente se debe a un error de alcance. Si su alcance es demasiado amplio cuando comienza, esto podría llevarlo a no tener el enfoque suficiente para garantizar la mejora de un producto, servicio o proceso. Hay momentos en que su alcance aumentará justo a la mitad del proyecto. Para evitar este problema, el equipo debe concentrarse en mantener un alcance limitado para que no termine tomando más de lo que puede abarcar.

Estrategia de implementación deficiente

El objetivo de tener una buena estrategia de implementación es asegurar que los objetivos de su empresa se mantengan alineados con algunos de los resultados de implementación que tiene. Si no hay alineación, las partes interesadas no podrán ver cuál es la meta de todo el proceso. La mejor solución para este tipo de problema es asegurarse de que sus objetivos comerciales y los resultados de su implementación estén alineados.

La estrategia de implementación siempre debe tener en cuenta la ejecución del proyecto, la capacitación de los empleados, la planificación contable, la gestión de la información y el logro de la excelencia operativa. También debe haber revisiones periódicas del progreso que está logrando con cada estrategia y cómo está impactando en los resultados del negocio.

Cuando puede monitorizar estos elementos, el equipo puede realizar cualquiera de los ajustes necesarios. Cuando hay cambios positivos que las personas pueden ver, la organización comenzará a ganar más confianza con el esfuerzo.

Demasiado énfasis en formación y certificación

Para algunas empresas, es fácil caer en la idea de que cada persona que tenga algún tipo de participación en el proyecto Lean Seis Sigma necesita conocer todos los detalles sobre las herramientas y las técnicas que se utilizarán. Por supuesto, hay muchos cursos diferentes de certificación y capacitación, e incluso hay capacitadores y consultores que compiten fuertemente para acaparar el mercado.

Debido a todo esto, encontrará que se hace mucho hincapié en la enseñanza de herramientas avanzadas para los empleados y su certificación. La verdad es que no todas las herramientas Lean Seis Sigma deben usarse en todos los proyectos. La solución aquí es poner más énfasis en la conveniencia de aprendizaje y la aplicación del conocimiento. Hay ocasiones en las que necesita personas capacitadas en Lean Seis Sigma, pero no necesita enseñar a toda la empresa. Su empresa necesita mantenerse centrada en la ejecución de sus proyectos en lugar de en cuántos cinturones negros certificados hay.

Selección de proyectos deficiente

Una de las decisiones más importantes que puede tomar cuando se trata del proceso Lean Seis Sigma es seleccionar con qué proyecto desea trabajar. Si su equipo de mejora de proyectos no hace un buen trabajo de selección y prioridad de los proyectos, el desastre estará servido. Cuando se elige el proyecto equivocado, puede provocar que todo el proyecto se deseche o se retrase, posiblemente causando tiranteces entre los cinturones.

La mejor solución para esto es asegurarse de que los objetivos y los datos son los elementos clave en los que usted y su equipo se centran cuando selecciona sus proyectos. Es necesario que se organicen reuniones para ayudar a revisar los datos, los clientes, así como el proceso y los objetivos de negocio. El equipo también debe tomarse el tiempo para asegurarse de que cada proyecto que seleccione la compañía tenga un patrocinador que esté a cargo de hacer un seguimiento de ese proyecto y de dar la aprobación necesaria.

No elegir a un líder de implementación

Algunas organizaciones han intentado implementar un nuevo proyecto Lean Seis Sigma sin tomarse el tiempo para designar un líder de implementación. Sin este líder, los equipos participarán en las actividades de mejora adecuadas en sus propias áreas, pero no habrá unidad ni sinergia de propósitos. Esto llevará al fracaso y la confusión dentro del proyecto.

La solución a esto es designar un líder de despliegue desde el principio. Las responsabilidades que incumben a este líder son capacitar a todos los miembros del equipo, asignar los proyectos y luego seleccionar las herramientas que deben usarse. El líder de implementación es básicamente el que va a proporcionar orientación para el proyecto y se asegurará de que haya algún progreso.

Implementación aislada

Piense en esto: ¿qué sentido tiene mejorar el diseño de su producto cuando decide dejar el proceso de fabricación como está? La implementación de pequeños proyectos de mejora localizada no es una estrategia inteligente. Puede ser un modo de comenzar con su compañía si tiene recursos limitados, pero encontrará que las mejoras desconectadas y aisladas no le brindarán los beneficios que desea.

Cuando trabaje con Lean Seis Sigma, los mejores resultados de organización se lograrán con la ayuda de adoptar una estrategia de implementación generalizada. Después de todo, una empresa está formada por procesos que están interconectados y trabajan juntos. Si aísla uno de sus procesos de los otros y espera que todo funcione, se sentirá frustrado. Entonces, será mucho más probable que el proyecto falle.

Capítulo 10: Identificación y selección del proyecto

Antes de comenzar a implementar un proyecto Lean Seis Sigma, debe identificar y seleccionar los proyectos correctos. La mayoría de las compañías harán un buen trabajo al seleccionar un montón de proyectos diferentes, pero no cuentan con las técnicas adecuadas para ayudar a identificar el proyecto más relevante y que debe ser atendido primero. En general, habrá cuatro condiciones previas a cumplir para ayudarlo a identificar y seleccionar el proyecto para trabajar con Lean Seis Sigma.

Paso 1: Entender el plan estratégico de la empresa

El equipo de implementación debe estar familiarizado con el plan estratégico de la empresa. La planificación estratégica incluirá algunas de las siguientes acciones:

- Desarrollar una hoja de ruta para lograr su plan estratégico.
- Evaluar el interés que tienen las partes interesadas.
- Formular una declaración de objetivos después de obtener información de las partes interesadas.

- Creación de un modelo de negocio que sea viable. Este paso deberá considerar una variedad de temas, como los financieros y culturales, que resultarán de cualquier reestructuración que se realice en las líneas de negocio actuales. Agregar algunas nuevas líneas de negocio es algo que también debe considerar.

- Auditoría financiera y de rendimiento para determinar las capacidades y el poder fiscal de la empresa.

- Realizar un análisis de brechas para ayudar a generar una lista de brechas. Este proceso se puede realizar comparando el rendimiento real del proceso con lo que se espera lograr.

- Crear y luego implementar un plan de acción que pueda ayudarle a lograr cualquiera de sus estrategias elegidas mientras también cierra las brechas que están presentes.

- Desarrollar un plan B, o un plan de contingencia, que ayudará a lidiar con las posibles fluctuaciones que puedan ocurrir en el mercado. También debe considerar cualquier presión que reciba de los competidores y otras situaciones que pueden surgir y afectar la forma en que se ejecuta su plan estratégico.

- Desarrollar un nuevo plan para toda la empresa. Esto se podría hacer cuando establezca índices de rendimiento medibles, objetivos en cascada y marcos de tiempo claros. Los propietarios del proceso deben ser identificados.

Paso 2: Alinear los esfuerzos de mejora con la estrategia empresarial

Su equipo de selección de proyectos necesita comprender cómo las actividades diseñadas para la mejora de procesos deben alinearse con los planes de acción estratégicos. En el primer paso, el equipo debe considerar el modelado de negocios como un aspecto crítico de la planificación estratégica. El equipo probablemente pasaría tiempo analizando y luego identificando la línea de negocio y dónde caerá en relación con la posición competitiva de la empresa y el crecimiento del mercado. El objetivo es que usted encuentre una estrategia buena y efectiva para una LDN (línea de negocio) específica en función de su tasa de crecimiento del mercado y la competitividad de la LDN.

Por ejemplo, si la LDN de una empresa tiene una posición competitiva sólida en el mercado, esto significa que está creciendo bien. Si esto es cierto, es mejor para la empresa priorizar el desarrollo de sus productos en lugar de mejorar las operaciones. Sin embargo, si la LDN tiene una posición competitiva débil en un mercado que está creciendo lentamente, entonces la compañía debería considerar trabajar con Lean Seis Sigma para ayudar a mejorar su estructura de costos.

Paso 3: Incorporar el plan de acción en el sistema de implementación de políticas

La implementación de la política se refiere a la cascada de los planes basados en objetivos a través de los diferentes niveles y departamentos de la empresa. Los ejemplos de la forma en que se puede implementar esto incluyen la gestión por objetivos y la planificación Hoshin. Para implementar con éxito la implementación de su política debe:

- Usar los planes de acción que se definieron en el plan estratégico para ayudarlo a establecer los objetivos, metas, calendarios y propietarios correctos.
- Trabajar con un objetivo de alto nivel en cascada para ayudar a establecer los objetivos, metas, calendarios y propietarios correctos.
- Incorporar estos objetivos locales para que pueda definir los planes de rendimiento tanto para sus equipos como para los individuos.

- Realizar revisiones regularmente para evaluar el rendimiento y el logro del objetivo de alto nivel. Esto también se puede hacer para los objetivos locales.

- Vincular el rendimiento de la administración para ayudarlo a establecer los objetivos correctos al configurar la estructura de bonificaciones.

Paso 4: Reconocer los procesos centrales de la empresa

Todas las compañías se involucrarán en algunos procesos que están diseñados para transformar algún tipo de entrada en una salida que el cliente esté dispuesto y pueda pagar. Es importante para la compañía definir claramente los procesos que hacen esto y cómo satisfacen a los clientes, así como tener una forma de documentar toda esta información.

Para ayudarle a comprender cómo examinar el rendimiento de los procesos y luego identificar las áreas que necesita mejorar, hay algunos términos que debe aplicar:

- *Procesos de nivel 1*: son los procesos del negocio que se consideran fundamentales para la empresa. Estos estarán vinculados a la función del negocio, y puede rastrearlos a través de los registros contables.

- *Procesos de nivel 2*: estos son algunos de los subprocesos que se encuentran en el nivel 1. Comprenden una serie de pasos del proceso al que están relacionados.

- *Pasos de trabajo*: esta es la unidad de trabajo que puede caer en un proceso de nivel 2. Comprende una serie de tareas realizadas por un equipo pequeño o por un individuo.

La forma más efectiva de determinar las oportunidades que necesita mejorar es reconocer primero los procesos que caerán al nivel 1. Estos se pueden desglosar para que se revelen los procesos críticos de nivel 2. Una vez que esto se logra, puede implementar Lean Seis

Sigma para ayudar a solucionar cualquier problema en los pasos de trabajo.

Identificar, priorizar y seleccionar proyectos

Habrá una metodología estructurada que los campeones, maestros cinturones negros y cinturones negros deberán seguir para ayudarles a identificar y priorizar los proyectos en los que van a trabajar. En las etapas iniciales, el campeón es responsable de ayudar a un maestro cinturón negro formado a realizar los siguientes pasos:

- Revisar el plan estratégico.
- Comprender las metas y objetivos de la empresa.
- Realizar una comparación entre el rendimiento que desea la empresa y el real.
- Comprender los objetivos que se presentan en cada departamento y los objetivos para cada función de negocio.
- Realizar una comparación entre el rendimiento deseado que desea lograr y el rendimiento real. Esto debe hacerse para cada función de negocio.
- Identificar los procesos básicos de nivel 1; puede hacerlo mirando un análisis de los objetivos, retornos y riesgos de cada uno.
- Hacer lo mismo con los procesos de nivel 2.
- Organizar una lluvia de ideas sobre todas las oportunidades potenciales que pueda tener para mejorar.
- Tomarse el tiempo necesario para clasificar y priorizar todas las oportunidades potenciales de mejora de acuerdo con sus objetivos, retornos y riesgos.
- Comunicar el resultado de este proceso de clasificación; puede hablar de ello con el equipo y luego llegar a un consenso sobre lo que todos quieren perseguir. Si hay algunos que disienten un poco, es importante discutir esto con anticipación y asegurarse de estar todos de acuerdo.

- Lanzar el proyecto Lean Seis Sigma. Esto debe hacerse de acuerdo con el calendario que se estableció anteriormente.

El campeón, los maestros cinturones negros y los cinturones negros, junto con todos los demás en la compañía, deben trabajar juntos para terminar esta parte. No va a funcionar si solo unas pocas personas selectas en el negocio aceptan el proyecto y el resto simplemente sigue adelante sin entender sus roles o sin el deseo de ver que Lean Seis Sigma y sus proyectos funcionen bien a largo plazo.

Además, el proyecto que elija debe ser muy importante para la empresa. Puede observar algunos resultados sorprendentes cuando trabaja con Lean Seis Sigma. Sin embargo, si pierde el tiempo seleccionando proyectos pequeños que no representan mucho, estará malgastando tiempo y recursos, e incluso dinero, en el proceso. Observe el modelo de negocio y la estrategia, decida qué proyectos deben realizarse y luego elija el que le proporcionará los mejores beneficios y el mayor retorno de inversión.

Capítulo 11: Cómo seleccionar un proyecto DMAIC viable

Una de las funciones más importantes que debe tener en cuenta para determinar si un proyecto tendrá éxito o no, es seleccionar los proyectos adecuados. En los casos en que el profesional se muestre descuidado al seleccionar las oportunidades de mejora, los resultados finales serán desastrosos. No es suficiente simplemente elegir un proyecto basado en lo fácil que es de completar o en algunas entradas obvias. Esto es la ruta fácil y, aunque puede funcionar a veces, no debería ser el criterio principal para ayudarle a definir el enfoque que utilizará. Esto es especialmente cierto cuando las prioridades a establecer no están claras.

Debe haber un enfoque consistente en juego que lo ayude a determinar si su proyecto será o no un buen proyecto DMAIC a la vez que lo ayude a priorizar los proyectos de acuerdo con los recursos asignados. Para que esto suceda, debe haber ciertos criterios de selección establecidos.

Criterios críticos del proyecto

Deben establecerse diferentes criterios antes de comenzar con su proyecto Lean Seis Sigma, y estos le ayudarán a garantizar el éxito. Algunos de los criterios incluyen los siguientes:

- *Impacto en el cliente*: debe determinar si el éxito del proyecto va a marcar una gran diferencia en la forma en que los clientes externos e internos perciben la calidad del producto o servicio. Puede utilizar un análisis de VOC para ayudar con esto.

- *Impacto en la calidad del servicio*: debe determinar si la calidad del servicio se mejorará a través de la cadena de valor. Si bien el cliente puede estar satisfecho, es posible que esto sea inútil si el proceso terminó siendo demasiado complejo o difícil de implementar de manera consistente.

- *Definición de defecto*: el defecto del proceso debe definirse para que el equipo no comience a perder el foco y se vea afectado por el crecimiento excesivo. El resultado final no debe ser lo que se usa para medir el defecto. Por ejemplo, no alcanzar sus objetivos de ingresos puede ser un problema de alto nivel, pero no debe usarse como su métrica de defectos. La métrica del defecto debe ser un aspecto operacional, como tasas de reelaboración, tiempos de entrega y tiempos de ciclo.

- *Estabilidad del proceso*: antes de mejorar un proceso, debe verificar la estabilidad. La estabilidad no significa que haya alcanzado el rendimiento deseado. Un proceso inestable puede generar ruido que puede interferir con la evaluación precisa de cuán impactantes son las mejoras.

- *Disponibilidad de datos*: debe haber algunos datos disponibles para ayudarlo a estudiar un proceso y decidir si debe mejorarlo o no. Si no tiene estos datos disponibles, debe obtenerlos. Debe asegurarse de que puede conseguir los datos clave sin utilizar un montón de recursos.

- *Disponibilidad de su equipo dedicado*: la compañía necesitará cinturones negros y cinturones verdes para mantener la iniciativa. Recuerde que los miembros de su equipo a veces pueden tener otras funciones que realizar cada día, por lo que tendrá que explicar cuánto tiempo pueden dedicar a este proyecto.

- *Beneficios*: cualquier proyecto potencial que elija debe analizarse para averiguar el valor que puede proporcionar. Esto es posible con un modelo de flujo de fondos descontados. También es necesario incluir algunos beneficios blandos. Esto incluye cosas como la satisfacción del cliente y el impacto que tiene en las ventas y la retención.

- *Claridad de la solución*: si la solución a su problema ya está clara, no necesita perder su tiempo con el proceso DMAIC. Sin embargo, es posible que haya muchas soluciones buenas en las que esté pensando y que desee buscar algunas causas raíz en lugar de simplemente apresurarse y tratar de corregir los síntomas.

- *Apoyo al proyecto*: debe tener a todos implicados con el mismo proyecto. Esto marcará la diferencia entre si el proyecto tiene éxito o no. Sin esto, el futuro del proyecto podría terminar en una situación precaria.

- *Cronología del proyecto*: uno de los puntos de referencia que puede utilizar para determinar lo rápido que puede terminar un proyecto es la marca de seis meses. La viabilidad de un proyecto DMAIC se evalúa en función de si se puede completar en este plazo o no. Si no, entonces la viabilidad del proyecto disminuye. Al elegir un proyecto, tómese el tiempo para examinarlo y ver cuánto tiempo llevará alcanzar todos los hitos. Desea ver resultados rápidamente cuando está trabajando con Lean

Seis Sigma, así que asegúrese de que la línea de tiempo sea óptima.

- *Alineación del proyecto*: El proyecto debe alinearse con los objetivos estratégicos de la empresa. Si no lo hace, la alta dirección será mucho más reacia a autorizarlo, y mucho menos a financiarlo.

- *La probabilidad de implementación*: aquí se formulará la pregunta "¿Cuáles son las posibilidades de que la solución se implemente en la organización?" Los cambios organizativos, el ajuste de objetivos, las iniciativas rivales y los niveles de resistencia serán factores que usted deberá evaluar para determinar la probabilidad de que la solución sea implementada.

- *Control sobre las entradas*: una vez que se recopilen algunos de los datos que necesita, el equipo evaluará si hay suficientes entradas que pueda controlar y medir. Si no es posible tener un cierto control razonable sobre las entradas del proceso, será mucho más difícil para usted alcanzar sus objetivos.

- *Inversión*: aquí se puede preguntar cuánto dinero costará solucionar el problema que sea. Si el proyecto necesita una gran cantidad de capital para implementar y ese capital es difícil de recuperar, no es realmente una buena idea seguir adelante con él. Además, si tiene un proyecto como este, automáticamente no cumplirá con los requisitos de un buen proyecto de mejora de Lean Seis Sigma y, por lo tanto, no debe hacerse.

Cuando está trabajando en un proyecto Lean Seis Sigma, es imperativo que identifique y seleccione el proyecto correcto y que las personas adecuadas estén a cargo de implementarlo. Si la compañía utiliza los criterios correctos en todo el proceso, aumentarán las posibilidades de que el proyecto tenga éxito.

Capítulo 12: Valor añadido y desperdicio

En los negocios, habrá un proceso de valor añadido. Estas son una serie de actividades que su empresa puede utilizar para cumplir con los siguientes criterios:

- Las actividades deben verse modificadas o efectuar cambios en el producto o servicio.
- El cliente todavía debe estar dispuesto a pagar por la salida del proceso.
- Las actividades del proceso deben realizarse correctamente la primera vez.

Desperdicios en procesos transaccionales

Los ocho desperdicios analizados en el capítulo 2 que constituyen el acrónimo DOWNTIME se pueden usar en la fabricación, así como en algunos procesos transaccionales. Sin embargo, cuando se trata de estas transacciones, los desperdicios pueden aplicarse de manera más simple y lógica. Por ejemplo, supongamos que hay dos departamentos involucrados en estos procesos, con una actividad realizada por el departamento A que termina siendo revisada por el departamento B. Un equipo está a cargo de mejorar el proceso para que puedan eliminar el desperdicio. El equipo examinará el proceso actual y realizará las siguientes preguntas:

- *¿Se llevaron a cabo todas las actividades del proceso que hemos realizado de manera consistente, correcta y secuencial? ¿Agrega valor cada una de estas actividades?* Si una actividad no agrega algún valor, no debe realizarse.

- *¿Se han definido las interfaces entre y dentro de los departamentos y están funcionando? ¿Está claro quién es el dueño de cada interfaz?*

- *¿Los criterios de toma de decisiones son claros y entendidos por todos? ¿Hay pasos dudosos en el proceso?* Algunos pasos no llevarán a ninguna parte. Esto sucede cuando no hay una salida de proceso o una salida clara del cliente.

- *¿El proceso requiere algún tipo de revisión para reparar defectos? ¿Dónde se originan los defectos?* Responder a estas preguntas puede ayudarle a encontrar los defectos. Si no hay un proceso establecido para reparar cualquiera de los defectos, entonces puede tomarse el tiempo para crear uno para su negocio.

Las preguntas anteriores son importantes porque pueden ayudar a los profesionales a mejorar su proceso. Debe examinar su empresa y ver si alguno de los desperdicios DOWNTIME están presentes. Le cuestan tiempo, recursos y dinero. Lean Seis Sigma puede ayudarlo a deshacerse de estos desechos, y formularse las preguntas proporcionadas puede ayudarlo a detectarlos más fácilmente.

Ejemplos de problemas de desperdicios

Problema 1: La actividad no se realizó de manera precisa o consistente

El primer problema que discutiremos es cuando una actividad no se realiza de la manera correcta. Veamos un escenario sobre cómo puede suceder esto en una empresa. Según cómo se supone que una empresa debe procesar los pagos, los clientes deben realizar sus pagos a la cuenta correcta antes del próximo ciclo de facturación. Sin embargo, alrededor del diez por ciento de las veces, esto podría no ser posible. Esto significa que los fondos van a ir a una cuenta inexistente. Entonces, la compañía necesitaría reunir el equipo necesario que pasaría el tiempo investigando los pagos suspendidos en lugar de hacer su otro trabajo.

Durante este tiempo, el proceso se trazaría y luego el equipo descubriría que había diez métodos que podrían haber usado para resolver el problema. Las soluciones serán exploradas y encontrarán que los métodos que tienen actualmente en vigor son ineficientes. El equipo de mejora luego irá a través de las soluciones que hayan encontrado y escogerá la mejor.

Después de elegir la mejor solución, la compañía estaría a cargo de formar a los empleados sobre el nuevo método que necesitan usar. La compañía podría entonces reducir a la mitad la cantidad de personal que investigó el pago suspendido.

Acciones de mejora: Se proporcionará la guía, así como las instrucciones de trabajo, y el personal que se capacitará será responsable de sus acciones.

Problema 2: La actividad no se realizó en la secuencia correcta

A veces, el trabajo se debe interrumpir, y eso puede arruinar el proceso de producción y dificultar la producción eficiente y rentable. Veamos otro escenario para esto. En la mayoría de las empresas, se requerirá que un empleado tenga una tarjeta de identificación para mostrar a las personas adecuadas cuando entren al edificio. En algunos lugares, también usarían estas para acceder a las computadoras dentro de su compañía. Aunque hay información similar que la computadora debería buscar en los dos procesos, a menudo se verán como procesos distintos.

Cuando la compañía ve estos procesos como diferentes, la empresa pierde mucha productividad. Esto ocurre a menudo con nuevos empleados o con personas que se transfieren a un departamento diferente.

La empresa debe decidir que es mucho mejor unir estos dos procesos de identificación y luego instruir a los nuevos empleados sobre cómo deben proceder. Antes de que se implementen, el departamento de recursos humanos deberá dedicar tiempo a verificar que toda la información de seguridad se haya cargado. Cuando los nuevos empleados lleguen a trabajar ese día, serán enviados directamente a los departamentos de seguridad e IT para ayudar a comenzar el proceso de identificación.

Cuando los nuevos empleados hayan recibido su identificación de los departamentos de seguridad y de IT, se los enviará a administración. Cuando toda esta información esté configurada y lista para funcionar, el empleado recibirá su nueva credencial.

Acción de mejora: cuando la compañía cambió la secuencia de actividades. Esto asegura que las cosas sucederán de la manera más eficiente posible y puede evitar cualquier pérdida de tiempo u otros problemas.

Problema 3: El proceso de solicitud de préstamo toma demasiado tiempo

Digamos que una institución financiera está a cargo de ayudar a que se procesen las solicitudes de préstamo. Observan que llevará aproximadamente 21 días para que la solicitud de préstamo sea aprobada. Esto se debe a que el formulario de solicitud del préstamo debe ir a diversos departamentos para ser aprobado.

Cuando se invitó a un equipo de mejora a revisar el proceso, rastrearon uno de los documentos para el proceso de préstamo y encontraron que viajaba por todo el edificio. Luego midieron la distancia que recorrió el documento y encontraron que, de media, viajaba 1,5 km. El equipo decidió que necesitaba trasladar a todos los departamentos relevantes a un área del edificio. Esto ayudó a reducir 1,4 km la distancia que necesitaba el papel para viajar y reducir el período de aprobación del préstamo a solo tres días.

Acción de mejora: eliminar algunos de los pasos más largos que no estaban agregando valor al proceso.

Problema 4: Interfaz inoperable

En este caso, hubo un equipo que recibió la tarea de mejorar el proceso de escaneo de documentos, y su objetivo era minimizar los costos al hacer esto. Después de algunas investigaciones, el equipo descubrió que uno de los proveedores de documentos podía almacenar toda la información relevante que se escaneaba de forma digital. A pesar de esto, la organización aún requería que estos documentos se imprimieran antes de enviarlos al departamento de escaneo.

Esto había llevado a varios problemas para la empresa. En primer lugar, provocó un gran aumento en la carga de trabajo para el departamento de escaneo. Tenían que dirigir todo el trabajo para todos y siempre iban atrasados, lo que dificultaba que otros departamentos también cumplieran con sus horarios. La compañía, además, gastó una tonelada de dinero en papel, y su uso continuo aumentaba también la huella de carbono de la compañía en el planeta. En general, esto indicaba que la compañía no había podido trazar todo el proceso de escaneo desde el principio hasta el final.

Acciones de mejora: encontrar una definición clara de la interfaz y luego asignar responsabilidad y propiedad.

Problema 5: Mejorar procesos para tomar decisiones.

Habrá ocasiones en las que una organización no defina claramente los criterios de decisión que deben usarse en un proceso transaccional. Esto a veces puede llevar a una variación en la forma en que sus empleados interpretarán las políticas que tiene.

Para este escenario, un equipo de mejora entró y revisó el proceso de auditoría para una compañía hipotecaria. Este equipo descubrió que diferentes auditores estaban utilizando diferentes criterios para aprobar las hipotecas. Además, los evaluadores de riesgos también utilizaban criterios distintos. El resultado de todo esto es que algunas de las personas que no deberían haber sido aprobadas para un préstamo fueron aprobadas y algunas de las que deberían haber sido aprobadas terminaron siendo rechazadas. Esta fue también una causa fundamental de por qué se perdió tanto tiempo cuando llegó el momento de concordar los resultados de la auditoría.

El equipo de mejora decidió revisar los modelos de riesgo y las políticas de crédito de la compañía para que pudieran encontrar términos que estuvieran claramente definidos y que todos pudieran seguir. Todos los evaluadores de riesgos fueron formados para seguir estas reglas, y se realizaron verificaciones de análisis aleatorias para garantizar que hubiera más coherencia en la toma de decisiones llevada a cabo en esa compañía hipotecaria.

Acciones de mejora: aclaración de las definiciones operativas, capacitación de los empleados y revisión de las decisiones.

Problema 6: Procesos redundantes

Estos son procesos que pueden haber tenido algún valor en el pasado, pero ya no necesitan ser utilizados. Sin embargo, dado que han estado en funcionamiento durante tanto tiempo, nadie en la empresa se ha dado cuenta de que estos procesos ya no están agregando valor.

Es por esto que es importante que los cinturones Lean Seis Sigma desafíen el *status quo*. Esto les permite eliminar algunos de los procesos existentes que no los están llevando a ninguna parte. Por ejemplo, muchas organizaciones tienen un sistema en el que los informes de gastos son aprobados por varios departamentos en lugar de uno solo. Esto puede causar retrasos innecesarios y puede generar desconfianza.

Acción de mejora: el trabajo de la compañía es eliminar los pasos redundantes que aún existen en sus procesos.

Problema 7: El bucle de reelaboración

Hay muchos casos en los que es necesario repetir un trabajo en un proceso transaccional. Por ejemplo, digamos que hay un departamento a cargo de preparar un documento oficial antes de enviarlo a otro departamento. Luego, el departamento de recepción se entera de que los documentos no se llenaron correctamente. Esto obligará al departamento de recepción a detener otros trabajos para solucionar estos problemas. En poco tiempo, esto puede convertirse en un gran problema institucional.

Este bucle puede solucionarse, pero debe cambiar parte de la cultura de su empresa. Los empleados deben estar capacitados para asumir la responsabilidad de la calidad del trabajo que proporcionan en lugar de que otras personas lo revisen y detecten los errores que cometen.

Acción de mejora: debe identificar las causas de la repetición del trabajo, eliminarlas y luego hacer un seguimiento de los cambios.

Capítulo 13: El equipo de mejora de procesos

Muchos gerentes pensarán que mejorar los procesos del negocio rara vez es una tarea fácil. Habrá diferentes responsabilidades de las que tendrán que ocuparse todo el tiempo, sin mencionar los fuegos que habrá que apagar. Los recursos para implementar y mejorar el negocio a menudo pueden faltar, lo que hace que el trabajo del gerente sea mucho más difícil. Si bien habrá numerosos obstáculos que pueden dificultar la implementación efectiva de Lean Seis Sigma, todavía hay una manera de aprovechar los recursos disponibles y aplicar la metodología: reunir un equipo de mejora multifuncional.

Este equipo debe estar formado por un grupo de personas dentro de la empresa que se elijan con el objetivo de mejorar un proceso en mente. La responsabilidad de juntar y gestionar el equipo estará en el propietario del proceso y el líder del equipo, y el gerente senior lo ayudará.

Por otro lado, algunas organizaciones deciden seguir un proceso conocido como una iniciativa dirigida por la gerencia. Aquí es donde los gerentes iniciarán el proceso de mejora por su cuenta. Se reunirán y discutirán temas relacionados con la reducción de costos y la mejora de procesos. Una vez que tengan sus ideas, la administración comunicará las mejoras que desean implementar en toda la organización. Esto significa que las recomendaciones se filtrarán hacia abajo con los supervisores que vigilan la iniciativa y los trabajadores que ejecutan las órdenes.

La desventaja del proceso dirigido por la gerencia

En comparación con un proceso liderado por un equipo, existen muchos inconvenientes inherentes al proceso dirigido por la gerencia. Algunas de las desventajas de trabajar con este tipo de proceso son las siguientes:

- Los gerentes a cargo de la lluvia de ideas y las soluciones son los que no están directamente involucrados en los procesos que intentan solucionar. Esto significa que es más probable que aborden los problemas percibidos en lugar de los reales.

- Dado que la responsabilidad del éxito será de los supervisores y la gerencia, se les dará una carga de trabajo aún mayor.

- El mando de primera línea y la fuerza laboral serán ignorados, y realmente no tendrán ningún sentido de pertenencia a la iniciativa. Esto va a significar que la mayoría de las personas en el negocio no van a tener ningún entusiasmo por el éxito del proyecto.

- La información comenzará con la administración superior y luego se moverá hacia abajo a todo el negocio. Esto a veces puede llevar a la falta de comunicación y confusión.

Los beneficios del proceso dirigido por el equipo

A menudo es mejor optar por un proceso liderado por un equipo cuando se trabaja en un proyecto Lean Seis Sigma. Algunos de los beneficios de seguir un enfoque dirigido por equipos incluyen los siguientes:

- Las personas que encuentran soluciones e ideas para mejoras también son las que trabajan con los procesos diariamente. Tienen un gran interés en resolver los problemas y saben cómo funcionan los procesos, por lo que cabe esperar que puedan encontrar las mejores soluciones.

- Las ideas formuladas se moverán de abajo hacia arriba. Esto puede hacer que el personal de primera línea se sienta parte del proceso. Esta es una excelente manera de entusiasmar a todo el equipo con la iniciativa.

- Enfatiza el trabajo en equipo y hace que su fuerza laboral se sienta apreciada.

- El equipo podrá reconocer mejor las soluciones que pueden implementar fácilmente. Esto puede ahorrarle mucho dinero a la organización, y demostrará de inmediato que Lean Seis Sigma está mejorando el proceso.

Cómo formar un equipo ganador

Ahora que le hemos dado algunas ideas sobre qué tipo de proceso será mejor para usted cuando trabaje con Lean Seis Sigma, es hora de ver algunos de los requisitos para crear un buen equipo. Para que un equipo tenga éxito, es importante que tenga una buena estructura y composición. Algunas cosas importantes que debe recordar acerca de la formación de su equipo son las siguientes:

- El equipo debe tener personas que conozcan bien los procesos del negocio, así como personas con estilos de pensamiento diversos. Debe incluir una mezcla de diferentes personas con diferentes trabajos, por ejemplo, algunos expertos en procesos junto con clientes y proveedores.

- El equipo debe designar un líder de equipo. Este líder debe tener una buena comprensión del proceso y al menos un poco de experiencia con la gestión de proyectos. También debe saber algo sobre la aplicación de Lean Seis Sigma, así como estar familiarizado con las herramientas con las que pueden trabajar. Elija a alguien que esté formado como cinturón verde.

- El equipo debe ser de un tamaño manejable. Idealmente, debe tratar de mantener al equipo con ocho miembros o menos para asegurar que todos puedan participar.

- Se deben establecer horarios para reuniones. Los horarios deberían estar diseñados para que todos puedan asistir.

- La primera reunión debe permitir que el equipo establezca sus reglas básicas. Todos los miembros deben estar informados sobre lo que se espera que hagan en términos de participación y asistencia.

- También debe haber alguien que sirva como encargado de mantener un registro del equipo. El trabajo es anotar cualquier buena idea que se les ocurra a los miembros.

Además de los puntos anteriores, también querrá asegurarse de que su equipo sea diverso e incluir a personas que estén capacitadas en Lean Seis Sigma. Tener campeones, cinturones negros maestros, cinturones negros y cinturones verdes en su lugar asegurará que está utilizando todas las herramientas que esta filosofía ofrece de forma adecuada. Debe considerar formar al equipo para obtener estos cinturones para aumentar aún más sus posibilidades de éxito.

Cómo seleccionar a sus candidatos Lean Seis Sigma

Si planea comenzar un proyecto Lean Seis Sigma para facilitar la mejora de su negocio y obtener excelentes resultados, es fundamental que seleccione a los candidatos adecuados para ayudarlo a realizar el proyecto. Elegir a los candidatos correctos puede hacer o deshacer todo su proyecto. No solo elija a alguien porque está en su negocio o porque desea que el proyecto se realice rápidamente. Elíjalos porque le brindarán los mejores beneficios necesarios para su proyecto.

Lo que esto significa es que los cinturones negros y los cinturones verdes que elija deberán tener todos los rasgos necesarios antes de comenzar el programa. Si no lo hacen, debe asegurarse de que reciban la capacitación adecuada antes de tiempo o, de lo contrario, encontrar a alguien que ya tenga el tipo correcto de formación para ayudar. Las directrices pueden ser de gran ayuda para cuando elija y para cuando sea el momento de ascender un cinturón verde a cinturón negro.

Candidatos a cinturón verde

Lo primero que debe buscar son los cinturones verdes con los que quiere trabajar. Estos candidatos deben demostrar que son competentes en el inicio y finalización de proyectos, al mismo tiempo que resuelven problemas con la ayuda de un enfoque basado en datos. Algunos de los rasgos que debe buscar en sus cinturones verdes incluyen los siguientes:

- *Interés en Lean Seis Sigma*: su cinturón verde debe tener interés en mejorar los procesos que ya existen en su empresa. Esto será evidente en su participación en cualquier proyecto de mejora que utilice. También puede consultar su historial de trabajo.

- *Orientación del proceso*: su cinturón verde necesita poder visualizar todo el proceso y cómo interactúan los diferentes componentes para producir el resultado que desea.

- *Conocimiento del proceso*: es realmente importante que comprendan cómo un proyecto en particular puede impactar a toda la compañía.

- *Pasión*: su candidato al cinturón verde debe demostrar que está entusiasmado y dedicado a ser parte de su proyecto.

- *Entusiasmo por aprender*: su cinturón verde debe poder aprender sobre diferentes técnicas y herramientas. Estas deben ser practicadas no solo durante sus horas de entrenamiento sino también después. Esto solo sucederá si el individuo tiene pasión por aprender.

Candidatos a cinturón negro

Este rol pondrá un mayor énfasis en las cualidades de liderazgo, lo que lo hace un poco diferente de los rasgos que encontrará en un cinturón verde. Encontrará que sus mandos medios a menudo serán buenos cinturones negros. Estas personas deberán poseer todos los rasgos que los cinturones verdes antes descritos, pero también deben cumplir los siguientes criterios:

- *Poseer habilidades técnicas*: esto será un factor crítico porque su candidato deberá poder aplicar algunas habilidades técnicas de alto nivel durante sus proyectos.

- *Tener cierta visión para los negocios*: como líder del proyecto, el cinturón negro debe conocer el mercado actual en el que existe su empresa. También debe poder identificar los desafíos diarios de esta empresa. Esto les ayudará a impulsar su programa en la dirección correcta.

- *Tener una personalidad influyente*: sus cinturones negros deben ser capaces de liderar. Esto significa que pueden ayudar a su empresa a implementar el cambio correcto, ser capaces de comunicarse bien con diferentes niveles de administración y ser capaces de orientar a otros.

- *Poseer habilidades para resolver problemas*: un cinturón negro debe poder demostrar sus habilidades de análisis de datos con algunos de sus proyectos anteriores.

- *Tener disposición hacia la enseñanza*: un cinturón negro será responsable cuando sea el momento de formar y ser mentor de los cinturones verdes en el equipo. Tendrán que proporcionar cierta experiencia al programa y luego eliminar cualquier obstáculo que pueda interferir. En algunos casos, es posible que deban realizar algún entrenamiento para ayudar a la concienciación con Lean Seis Sigma.

El propietario del proceso

Otra persona de la que tenemos que hablar de su proyecto Lean Seis Sigma es el propietario del proceso. Esta será la persona a cargo de averiguar cómo se ejecuta un proceso específico. También es responsable de garantizar que el proceso continúe satisfaciendo al cliente y las necesidades de la empresa durante muchos años. Toda empresa que quiera asegurarse de que Lean Seis Sigma siga ganando fuerza tendrá que reconocer el papel del propietario de un proceso. Algunas de las responsabilidades que vienen con el propietario del proceso son las siguientes:

- Necesita entender todas las partes críticas del proceso. Este individuo conocerá los elementos de salida que tanto la empresa como los clientes van a valorar más. También deben tener una buena comprensión de cómo su proceso se alineará con los objetivos de la empresa.

- Va a seguir el rendimiento de un proceso con la ayuda de los datos. Los datos utilizados deberán ser métricas de entrada, así como algunas medidas de salida. Estas métricas de entrada serán útiles porque ayudarán a predecir el rendimiento desde una etapa temprana. En la mayoría de los casos, el propietario del proceso rastreará los datos que ya están compilados por otros operadores de procesos.

- Se asegurará de que el proceso esté siempre documentado y que esta documentación esté estandarizada y actualizada con la mayor frecuencia posible. Una empresa debe esforzarse por reducir sus variaciones lo más posible cuando se trata de la forma en que los empleados operan un proceso. El propietario del proceso será responsable de identificar las mejores prácticas y luego estandarizarlas para garantizar que obtengan la calidad adecuada al final.

- Establece un plan de gestión de procesos para que todos los que están trabajando en el proceso puedan verlo. Este plan también contendrá un plan de respuesta en caso de que existan señales de problemas.

- Realizará revisiones de forma regular. Estas van a incluir revisiones de proceso. Durante estas revisiones de proceso, se harán preguntas sobre aspectos como la satisfacción del cliente, el control de las métricas de entrada y salida, y quién está asignado para tratar cualquiera de los diversos problemas que puedan surgir. Otra revisión es la revisión de la gestión de procesos. Aquí es donde se hacen las preguntas para determinar lo efectivos que son los métodos de administración y los métodos de monitoreo de procesos.

- Está a cargo de garantizar que todas las soluciones que el equipo de mejora identifica estén integradas y se mantengan en el proceso.

- Se asegurará de que los operadores del proceso estén bien capacitados. También debe asegurarse de que estos operadores tengan los recursos y las herramientas correctas para realizar sus tareas de la manera más eficiente posible.

- Proporcionará un enlace muy importante entre este proceso y los clientes. El propietario del proceso debe asegurarse de estar siempre en conexión con todos los demás miembros de la organización, ya sea interna o externamente.

El rol que juega el propietario del proceso puede parecer aburrido y fácil de hacer, pero sigue siendo importante para la empresa. Estos propietarios no van a trabajar solos porque a menudo hay muchos operadores de procesos que trabajan un nivel por debajo de ellos para facilitar el seguimiento del proceso. Sin embargo, al final, el propietario del proceso será quien realmente tenga el poder de tomar cualquier decisión con respecto a este proceso.

Capítulo 14: Diseño para Lean Seis Sigma

Cuando se escucha que una empresa está utilizando Lean Seis Sigma, se supone que la metodología que utilizan es DMAIC. Esto suele ser cierto porque es probable que la organización esté tratando de clasificar algunos de sus procesos existentes para identificar a aquellos que generan desperdicios. Sin embargo, hay un segundo enfoque que puede utilizar. Este es el que las empresas implementarán cuando intenten diseñar un nuevo proceso o producto, y quieren una buena manera de garantizar que cumpla con los estándares de alta calidad. Este enfoque se llama Diseño para Seis Sigma o DFSS.

Diseño para Seis Sigma

Este es un enfoque emergente cuyo principal objetivo es crear un nuevo servicio o producto que no tenga ningún defecto y al mismo tiempo garantizar que la metodología Lean Seis Sigma se implementa correctamente desde el principio. Diseño para Seis Sigma permite a una empresa mejorar la tasa y la calidad de su proceso de diseño.

Encontrará que el enfoque utilizado para DFSS tiene grandes diferencias en comparación con DMAIC. Por un lado, las fases de DFSS aún no se han definido universalmente, y la mayoría de las compañías trabajan en sus propias variaciones para implementarlo. Esto permite que una empresa adapte DFSS para que se ajuste a sus necesidades culturales, industriales o comerciales. Si la empresa decide contratar los servicios de una consultoría para ayudar, simplemente necesitarán adoptar cualquier versión de DFSS que recomiende el consultor. Esta es la razón por la que se considera que DFSS es más un enfoque que las empresas pueden usar en lugar de una metodología distinta.

Diseño para Seis Sigma se puede implementar cuando está diseñando o rediseñando un producto o servicio y desea comenzar desde cero. Cuando el servicio o producto está diseñado con la ayuda de DFSS, se puede esperar que el resultado sea un nivel sigma de 4,5 o superior. Lo que esto significa es que no habrá más de un defecto en cada 1000 pruebas. Sin embargo, dependiendo del producto, hay veces en que el nivel de sigma puede llegar a 6, pero llegar a este objetivo puede ser difícil.

La metodología Diseño para Seis Sigma

El primer paso para usar la metodología DFSS es identificar y luego analizar las brechas que están presentes, ya que están destinadas a afectar el rendimiento del nuevo proceso, producto o servicio de manera negativa. La idea principal para centrarse aquí es cómo respondería el cliente a su nuevo artículo. Si tiene esa información, puede establecer un proyecto que pueda superar cualquier problema.

Hay algunas variaciones que puede utilizar con el enfoque DFSS. Estas pueden diferir entre sí, pero van a seguir pasos similares, y sus objetivos finales son los mismos. Estos enfoques DFSS son una forma de diseñar procesos, productos y servicios orientados a minimizar los costos de desarrollo y el tiempo de entrega, mejorar la eficacia y mejorar la satisfacción del cliente. Si bien hay una variedad de enfoques para usar, los procedimientos básicos son los siguientes:

- Capturar los requisitos del cliente
- Análisis y priorización de los requisitos
- Desarrollo del diseño
- Seguimiento de la capacidad del proceso, producto o servicio en cada paso
- Exponer las brechas entre los requisitos del cliente y las capacidades del producto
- Establecimiento de un plan de control.

Cómo implementar Diseño para Seis Sigma

La mayoría de las organizaciones que implementan DFSS tienden a centrarse demasiado en la responsabilidad financiera a costa de la responsabilidad de la implementación. Es importante que la compañía, cuando elija implementar esto, ponga énfasis en mantenerse lo más fiel posible al proceso DFSS. Esto debe traducirse en la aplicación disciplinada y exhaustiva de las diferentes herramientas para DFSS, tales como las funciones de transferencia, análisis de valor esperado, QFD y más.

Cuando esté listo para comenzar a implementar DFSS, la compañía debe creer que las poderosas herramientas que proporciona obtendrán los resultados que desean. Sin embargo, algunos indicios pueden mostrar con anticipación si una compañía es reticente a implementar DFSS, pero espera obtener los ahorros y los beneficios. Este temor a trabajar duro es lo que lleva en parte a las compañías que usan DFSS a tomar atajos, y esto les causa más daño que bien.

Primero, entienda por qué quiere implementar DFSS. ¿Por qué elegir este proceso en lugar de seguir con lo que ya tiene? Para ayudarle a encontrar respuestas, aquí se exponen algunos de los beneficios que puede esperar de la implementación de DFSS:

- Se ha demostrado que proporciona una ganancia de al menos un nivel de calidad sigma en comparación con algunos de los otros diseños.

- Puede reducir el tiempo que lleva lanzar su producto o servicio al mercado.

- Se puede aplicar a su negocio, sin importar el tipo de servicio, producto u organización.

- Es una forma muy rentable de eliminar defectos de un sistema. Los costos de producción serán los más bajos cuando esté trabajando en las fases iniciales de su diseño. Esto significa que DFSS tiene una gran relación de rendimiento coste.

- Puede ofrecerle un enfoque que otorga disciplina cuando se trata de la responsabilidad de la implementación.

- Las tarjetas de resultados o *scorecards*, permiten una recopilación mejorada y más consistente de los datos que necesita.

- Los datos DFSS y las tarjetas de resultados pueden ayudar a resaltar las posibles causas de fallo. Esto es mejor que tener que depender de suposiciones.

Las bases de Diseño para Seis Sigma

Como se mencionó anteriormente, hay algunos enfoques diferentes que puede aplicar cuando se trata de hacer que DFSS funcione. Hay algunas similitudes entre ellos, y hay algunas diferencias. La buena noticia es que siguen pasos similares y pueden modificarse para adaptarse mejor a su negocio.

Puede elegir con cuál de los métodos trabajar. Lo que es importante recordar es que debe seguir todos los pasos completamente y no omitir ninguno de ellos. Algunos de los enfoques comunes que puede utilizar con DFSS incluyen los siguientes:

DMADV

Si bien hay diferentes tipos de enfoques que puede utilizar, el método más popular es el DMADV. El método comprende cinco fases:

- *Definir*: se deben definir los objetivos del cliente, así como los objetivos de su proyecto.
- *Medir*: las necesidades y requisitos del cliente se determinan aquí. También se establecen los puntos de referencia que va a utilizar en su negocio.
- *Analizar*: las opciones se analizan para ayudarle a satisfacer las necesidades de sus clientes. Esto requerirá que usted entienda realmente a su cliente y lo que está buscando. También puede ayudarle a comprender con anticipación qué cambios e innovaciones puede realizar en un producto o servicio para que pueda anticiparse a sus necesidades.
- *Diseñar*: debe detallar cómo el negocio planea satisfacer las necesidades de sus clientes. Este es el plan con el que finalmente se quedará, pero debe tener todos los detalles, junto con algunas explicaciones, sobre por qué es importante un cierto paso en el plan o cómo ayudará.
- *Verificar*: la verificación es necesaria para determinar si el rendimiento puede satisfacer a los clientes.

DMADOV

Este es muy similar a la metodología DMADV, pero tiene otro paso: la fase de optimización. Aquí, va a utilizar modelos avanzados y herramientas para ayudar a optimizar el rendimiento.

DCCDI

- *Definir*: aquí es donde se definen los objetivos de su proyecto.
- *Cliente*: completar su análisis de necesidades del cliente.

- *Concepto*: implica el desarrollo, revisión y selección de ideas.

- *Diseño*: este paso detalla cómo se pueden cumplir las necesidades del cliente y las especificaciones del negocio.

- *Implementación*: desarrollo y luego comercialización de su producto o servicio.

IDOV

Esta es la metodología más utilizada en el negocio de fabricación. A veces se puede modificar para que funcione en otras industrias, pero funcionará mejor con industrias que se centran en la manufactura. Sus siglas significan lo siguiente:

- *Identificar*: aquí es donde se encuentran las CTQ y las especificaciones de los clientes.

- *Diseño*: los CTQ del cliente deben traducirse en necesidades funcionales; esta información también se puede utilizar para generar posibles soluciones. La mejor solución será elegida de la lista resultante.

- *Optimizar*: en este paso utilizará herramientas y modelos avanzados para ayudarle a optimizar su rendimiento.

- *Validar*: esta fase es para garantizar que el diseño que se diseñó satisface las CTQ del cliente.

DMEDI

- *Definir*: este paso es para identificar los problemas del negocio junto con los deseos de su cliente. Para comenzar, requerirá cierta información de los clientes y una idea sólida de lo que la gente de la industria piensa acerca de su negocio.

- *Medir*: esta fase le ayudará a determinar los requisitos y necesidades de los clientes. No puede tener una buena idea de dónde comenzar o qué tipo de procesos implementar o cambiar si no tiene claro cuáles son las necesidades de sus clientes o qué hará que las cosas mejoren.

- *Explorar*: aquí es donde se analizan los procesos del negocio. Luego puede usar la información resultante para explorar las opciones disponibles para diseños que satisfagan las necesidades de sus clientes.

- *Desarrollar*: en este paso es donde usted entrega el diseño que es el más ideal o el más pertinente en función de las necesidades de su cliente.

- *Implementar*: el nuevo diseño creado se someterá a las pruebas de simulación. El objetivo de este paso es verificar si el diseño tuvo éxito o no en el cumplimiento de los requisitos de su cliente o si necesita realizar algunos cambios antes de llevar el producto al mercado. Asegúrese de realizar este paso. Olvidarse de hacerlo o postergarlo puede resultar en que usted lance el producto equivocado y pierda mucho tiempo y dinero en el proceso.

Como puede ver en los enfoques descritos anteriormente, DFSS abarca una amplia variedad de metodologías. Al seguir cualquiera de estos métodos correctamente, encontrará que su empresa reduce sus desperdicios, aumenta sus ganancias y proporciona a sus clientes los productos y servicios exactos que están buscando.

Conclusión

Gracias por llegar hasta el final de *Lean Seis Sigma: La guía definitiva sobre Lean Seis Sigma, Lean Enterprise y Lean Manufacturing, con herramientas para incrementar la eficiencia y la satisfacción del cliente*. La información provista en estas páginas le ha proporcionado todas las herramientas que necesita para alcanzar sus metas, sean las que sean.

El siguiente paso es comenzar a aplicar lo que ha aprendido en su negocio. Anime a su equipo a obtener copias de este libro para que todos puedan conocer los beneficios de Lean Seis Sigma y comenzar a realizar cambios significativos en su organización.

Segunda Parte: Lean Analytics

La Guía Definitiva para la Tendencia Ágil de Analítica, Analítica Avanzada, y Ciencia de Datos para Crear Startups Superiores y Dirigir Empresas

Introducción

En los capítulos siguientes discutiremos cómo implementar Lean Analytics en el startup de su compañía. Después de eso, cómo utilizar Lean Analytics para coordinar su compañía y hacer que tenga el mejor rendimiento posible. Durante este proceso, nos sumergiremos en la filosofía Lean y todos los elementos relacionados con la misma.

Las filosofías convencionales para hacer negocios tienen cientos de fallos. Una de la razones detrás de esto radica en que, en aquellos tiempos, no se poseía ni la mitad de la información que está disponible para todos hoy en día. Lean Analytics no es más que la evolución natural de los enfoques de negocios. Este es un modelo más coordinado para iniciar y dirigir negocios en esta era de la información.

Este libro le enseñará todo lo que necesita saber sobre este modelo y cómo utilizarlo a su favor.

Capítulo 1: Introducción a Lean Analytics

Lean Analytics es el motor a través del cual se ponen en marcha los conceptos fundamentales de Lean en su startup. Es el sello de calidad del concepto *crear-medir-aprender*, que se explica a continuación.

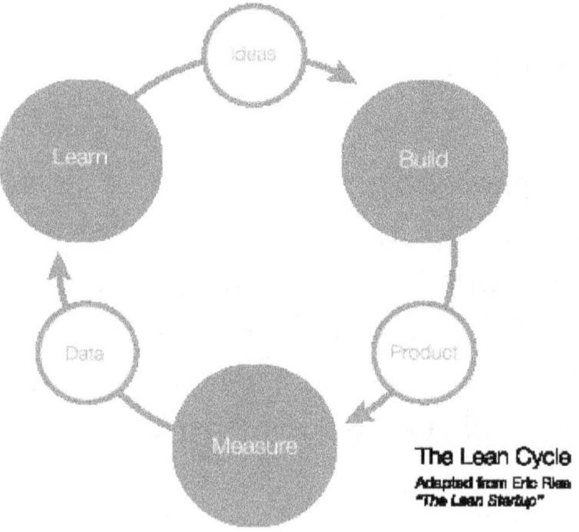

Entender Lean Analytics implica entender Lean en sí mismo.

Sus orígenes se remontan a la década de los 80, con un concepto conocido como *Manufactura Lean*. Este fue desarrollado para ayudar a las empresas americanas a competir con los niveles de producción de las empresas japonesas.

Las empresas de producción japonesas tenían sus propios métodos para acotar los ciclos de producción y negociación, haciendo que todos sus procesos se movieran con gran facilidad. En contraste, las empresas americanas estaban atrasadas y tenían pérdidas—estas pérdidas se traducen, por supuesto, en algo más que los desperdicios generados por cualquier compañía. En Lean, el concepto de pérdida se refiere a gastos innecesarios de cualquier tipo — esto puede darle una mejor idea de cómo se maneja este concepto en el mundo empresarial.

El dinero no representa la totalidad de los gastos, aunque forma parte de ellos. Iniciar un negocio y el proceso de producción del mismo involucra recursos de naturalezas distintas, los cuales pueden ser desperdiciados. Por ejemplo, el tiempo es un recurso valioso, ya que el tiempo muerto implica trabajo muerto, lo que significa que se está utilizando dinero para una labor que no producirá nada. Además, el tiempo se considera un recurso debido a los cambios constantes del mercado y el tiempo muerto implica, también, que no se están cumpliendo con las demandas establecidas por el mercado en un determinado momento.

Bajo la filosofía Lean, se busca evitar el desperdicio de recursos: tiempo, trabajo, dinero, y otros recursos en bruto utilizados en el proceso de producción. Quizá la pérdida más grande que se puede tener bajo este sistema es la producción de bienes en exceso—bienes que no son comprados, que saturan el mercado y no responden a ninguna necesidad, además de las cosas que son procesadas más allá de lo que realmente se necesita en el mercado. Esto no incluye los productos resultantes de procesos de manufactura defectuosos u otros de naturaleza similar.

Por lo tanto, Lean busca solucionar estos problemas y eliminar cualquier gasto innecesario del proceso de producción a través de una metodología estandarizada, analizando los gastos y, luego, haciendo ajustes progresivos y mejoras continuas en la compañía.

En el proceso de evolución de Lean, alrededor del año 2000, surgió el concepto de *Lean Startup*, en el cual se reconoce que hay varias similitudes entre el proceso de manufactura y el proceso de iniciar una compañía. Las similitudes más frecuentes son la necesidad de un flujo constante de recursos y la capacidad de generar unos pocos gastos.

El modelo de Lean Startup es dirigido por el concepto de Lean Analytics, el cual lo beneficia y mejora su funcionamiento. En este modelo, se tiene en cuenta que en el proceso de iniciar un negocio, hay una gran suma de capital invertido que puede ser desperdiciado y existen muchos riesgos inherentes. Este proceso intenta solucionar ambos problemas al buscar maneras de reducir la cantidad de recursos y tiempo invertido, a la vez que busca reducir los riesgos del inversionista.

Puede que se pregunte cómo ocurre esto. El concepto de Lean Startup ofrece una línea de trabajo dinámica para desarrollar un startup valioso, desde su concepción hasta el inicio de su compañía. Aunque este libro no se trate sobre el Lean Startup, este es uno de los motores más poderosos dentro de Lean Analytics y es necesario tener una noción del mismo. Por esta razón, a continuación le presentaremos algunos conceptos básicos para ayudarle a entender mejor de qué se trata esto.

Lean Startup

El método de Lean Analytics está diseñado para startups. Su objetivo es ayudarlos a madurar y convertirlos rápidamente en una solución a una necesidad del mercado. De todos modos, es común que los startups comiencen sin un objetivo claro; además, es probable que su finalidad cambie varias veces en el transcurso del desarrollo de la compañía. De hecho, son pocas las veces en que la formulación original de la compañía resulta ser la misma que la del final del proceso, aun cuando esta resulte exitosa. Esto no significa que no ocurra; en ocasiones, las compañías suelen mantener un mismo objetivo desde su inicio hasta su consolidación. Sin embargo, esto no significa que muchas compañías en distintos ámbitos tiendan a cambiar sus metas y a invertir sus recursos en otros lugares.

Una de las ideas fundamentales del Lean Startup es que usted no debería intentar que el mercado se ajuste a su compañía; esto es algo muy complicado de hacer sin la presentación y el marketing adecuados, como es el caso de Apple. Sin embargo, es más simple intentar que su compañía se ajuste al mercado. Hacerlo implica ahorrar grandes sumas de dinero que, sin lugar a dudas, serían desperdiciadas en procesos extraños e ineficientes. El capital, para bien o para mal, es fundamental para las etapas iniciales del negocio. Debe asegurarse de gastar la menor cantidad de recursos posible mientras se está en estas etapas. El capital que sería utilizado en una idea infructífera podría, en vez de eso, ser invertido en la expansión de su compañía y su visión — esto es si su enfoque está en seguir una metodología que le permita establecer una dirección fija para su negocio.

De esta manera, Lean Startup es la conjunción de varios conceptos cuyo único objetivo es que usted pueda dar con un negocio sólido y valioso desde el inicio, y luego crear una compañía alrededor de esta idea. Así, tendrá en su poder una base sólida sobre la cual el negocio podrá crecer sin problemas, y sus posibilidades de éxito en el mercado serán mejores.

Por lo tanto, para entender mejor el propósito de Lean Analytics, necesitaremos estudiar más a fondo Lean Startup para tener una idea clara de sus conceptos fundamentales. Luego, utilizaremos Lean Analytics para integrarlos al proceso y ayudarle a crear un negocio exitoso desde el primer día.

Más sobre Lean Startup

Lean Startup se fundamenta en una idea que ya se ha mencionado: comenzar un negocio requiere una gran cantidad de riesgos y capital; ambos pueden ser controlados mediante técnicas de producción. Aunque no puede ser controlado en su totalidad, la cantidad de riesgos y la inversión de capital para comenzar una compañía pueden ser reducidas varias veces. El dinero ahorrado de esta manera puede ser utilizado posteriormente para reinvertir en el negocio o puede quedarse guardado para darle una mayor expectativa de vida al negocio.

El objetivo de cualquier compañía es generar algún tipo de valor. Al trabajar con un concepto como Lean Startup, el enfoque no es distinto; de hecho, son conceptos de producción más útiles. Primero, se trata de eliminar todos los gastos innecesarios en la manera de lo posible mientras se busca mejorar todos los procesos que generen valor en la compañía.

No obstante, es necesario entender que la filosofía del Lean Startup no tiene nada que ver con los recursos y el capital que estén a su disposición a la hora de comenzar un negocio; en vez de eso, se trata del uso eficiente de estos recursos para levantar una empresa desde cero y cómo ajustarla a las demandas del mercado.

Existen dos tipos de propietarios de negocio. Los primeros, son aquellos que comienzan con una idea, intentan materializarla y llevarla al mercado; los otros, son aquellos que no tienen una meta y solo quieren iniciar un negocio para ser sus propios jefes. Ninguno de estos enfoques está equivocado. Ambos pueden beneficiarse al utilizar los conceptos fundamentales de la metodología Lean Startup.

Comencemos entonces a explorar estos conceptos. Luego, nos centraremos en su aplicación e integración con los métodos de Lean Analytics.

El primer concepto fundamental en Lean Startups es el *producto viable mínimo*. Es probable que se sienta confundido al leer este término, ¿qué es lo que implica realmente? De alguna manera, se explica a sí mismo. Este es una expresión de la esencia de su idea de negocio, una que puede ser lanzada al mercado para obtener información. No tiene que ser una versión definitiva de su producto o programa. Un buen ejemplo de esto sería una versión alfa o pre-alfa de un programa, mediante la cual varios grupos tuvieran la posibilidad de interactuar con el producto y ofrecer un feedback valioso.

Esto es una parte importante de la metodología de Lean Startups debido a que su producto y compañía deben cambiar constantemente para cumplir con las demandas del mercado. Como se mencionó antes, el objetivo no es lograr que el mercado desee su producto—el objetivo es crear el producto que el mercado desea.

La metodología Lean se trata de eso: lanzar versiones diferentes del producto al mercado, primero para obtener feedback sobre diferentes aspectos, y luego para evitar invertir demasiado en algo en caso de que se deban realizar cambios grandes y significativos más adelante. La idea de un producto viable mínimo está ligada estrechamente a este método, ya que, al lanzar el producto al mercado objetivo, tiene la oportunidad de reunir información y feedback de manera rápida y eficiente de ese grupo y realizar los cambios necesarios basados en las respuestas obtenidas. Independientemente de si el producto es del agrado del mercado objetivo o no, o de si este grupo tiene alguna demanda o sugerencia, usted puede llevar a cabo los ajustes o modificaciones necesarias al producto basadas en las reseñas de los usuarios, sin tener que incurrir en gastos significativos de capital.

Entender esto es vital para comprender los procesos de Lean Startup y la utilidad de Lean Analytics. Debe internalizar que el objetivo es mantenerse flexible, sin invertir demasiado en una sola idea hasta que tenga claro cuál es el camino que debe seguir. Por esta razón, el siguiente concepto fundamental de Lean Startup que debe entender es el *pivote*.

Los pivotes son un poco más complejos de entender a primera vista. Sin embargo, son intuitivos en cierta medida. Un pivote es un plan de respaldo o una alternativa para utilizar los mismos recursos a su disposición para una idea de negocios secundaria. Para hacerlo más claro, si el primer proyecto no funciona, usted debería ser capaz de utilizar los mismos recursos para su pivote, el cual podría terminar obteniendo una mejor aceptación del mercado que la idea inicial. Hay una gran cantidad de ejemplos de pivotes que han sido utilizados en el mundo de la tecnología y los negocios en general, donde las compañías se desviaron de sus ideas y planes de negocio originales hacia rumbos más lucrativos. La filosofía detrás del pivote es la noción de cambiar el curso sin cambiar a las personas navegando el mismo.

Al considerar todo esto, ¿cuál es el papel que juega Lean Analytics? Como se mencionó anteriormente, uno de los problemas de dirigir un negocio es que se cuenta con una cantidad limitada de recursos. El objetivo principal de Lean Analytics es ayudarle a ajustarse al mercado de una manera significativa a través de un producto o servicio que las personas necesiten realmente, antes de que su inversión inicial empiece a menguar.

Toma de decisiones basada en datos vs. Toma de decisiones impulsada por datos

Al dirigir una compañía utilizando principios de Lean Startup y Lean Analytics, es importante que entienda la diferencia entre estar *basado en datos* y ser *impulsado por datos*. Hay mucho que considerar sobre ambos. Tomemos un momento para explicarlos.

Las compañías *basadas en datos* y las *impulsadas por datos* están construidas sobre filosofías diferentes. Las primeras, hacen mayor hincapié en la utilización simple de sus datos recolectados para tomar las decisiones que conciernen a la compañía y la manera en que este se desempeña en el mercado; las segundas utilizan los datos para todo y en especial para darle forma a cualquier decisión.

El propósito de Lean Analytics es utilizar los datos tanto como sea posible para guiar a su compañía hacia delante y ayudarle a aprender todo lo que sea necesario para lograrlo. También es utilizado para identificar los indicadores clave que pueden ayudarle a alcanzar su objetivo. Las mediciones son datos utilizados para influenciar las decisiones en momentos específicos.

Métricas

Quizá la parte más difícil de aprender sobre Lean Analytics es qué métricas son importantes para su compañía. Sin embargo, esto se hace más fácil con el tiempo. En este libro, exploraremos qué métricas son más importantes para usted y su compañía y a cuáles debe prestarle más atención cuando intenta crear un modelo impulsado por datos.

Comencemos a explorar cuáles son estas métricas.

Estas son esencialmente cualquier tipo de datos que se obtienen a través de métodos analíticos y que están correlacionados con su producto o servicio de una manera u otra. Generalmente, se dividen en dos tipos: *métricas procesables* y *métricas de vanidad*.

Las *métricas procesables* son aquellas que pueden ser utilizadas para tomar decisiones relevantes sobre su negocio y que le proveen con una perspectiva honesta sobre el desempeño del mismo. Estas son las métricas que debe tener en cuenta, y tras un poco más de explicación, aprenderá qué debe ser considerado exactamente como una métrica procesable.

Por otro lado, las *métricas de vanidad* son aquellas que hacen que su negocio se vea o suene bien. Sin embargo, no debería utilizarlas para tomar decisiones porque estas no guardan mucha relación con las funciones y operaciones de su empresa. Estas son las métricas que usted utilizaría para presentar su negocio a cualquier persona desconocida, pero que no debería utilizar para medir el desempeño de la misma.

¿Por qué utilizar métricas?

Para muchas personas, los datos pueden ser tediosos. Sin embargo, estos no lo son. Los datos no son más que una expresión de la realidad siendo recolectada o siendo manipulada. Cualquiera que sea el caso, estos brindan información valiosa sobre lo que necesita hacer, por qué y cómo.

Cuando integra los datos a su modo de hacer negocios, lo que hace es básicamente decirse a sí mismo, "está bien, este va a ser un sistema honesto". Quizá esta sea la parte más importante de utilizarlos. Se está diciendo a sí mismo que va a centrarse en los números y, en base a ellos, va a tomar sus decisiones. En vez de seguir corazonadas o contextos que pueden hacerle perder el camino (por ejemplo, que muchos clientes entren a una tienda no vale de nada si ninguno compra algo; el tráfico no importa, los datos relacionados con el tráfico sí importan).

Cuando se trabaja con datos, se empieza a comprender cómo funcionan los aspectos numéricos de un negocio y cómo estos pueden utilizarse para nuestra conveniencia. La manipulación de cierto tipo de datos puede darnos toda la información necesaria para colocar nuestro negocio en una posición más ventajosa que la de nuestra competencia.

No obstante, para trabajar con estos datos, se debe tener una estructura sólida. Eso es lo que este libro intenta ayudarle a crear. Ahora, discutamos el proceso de iniciar un negocio utilizando la técnica del Lean Startup. Luego, le mostraremos dónde encaja Lean Analytics en esta ecuación.

Capítulo 2: Crear una Identidad para el Startup

Para empezar a entender el cómo y el porqué del Lean Analytics y otros métodos alternativos para crear negocios en oposición a los sistemas tradicionales (conseguir inversión, elaborar un producto, tener éxito o fallar), es importante revisar la historia de la máquina acuñadora de monedas.

Esta historia se utiliza para hacerle entender a las personas cómo piensan los inversionistas y qué cosas estos desean ver; pero los inversionistas también hacen uso de esta para lograr que los ejecutivos de empresas en formación empiecen a pensar como personas que desean conseguir ingresos. De ella, usted puede aprender cómo hacer que las personas se interesen en su startup. Lo cierto es que hay ciertas frases que los inversionistas potenciales quieren escuchar. Conocerlas y tener la habilidad de persuadir a las personas es fundamental para tener una experiencia de negocios significativa cuando se está empezando.

La historia va a así. Es la mitad del verano en Palo Alto. En una habitación grande y parecida a un auditorio, hay un escenario iluminado. Las personas que ocupan las sillas están ansiosas por saber qué se va a presentar en ese lugar. De repente, un hombre vestido de traje aparece cargando una caja. Camina hacia el escenario, se sube a él y colca la caja en el suelo, justo al laco de un banco que está en el medio de la tarima. Ajusta su corbata y luego abre la caja. De esta, saca una máquina similar a la que se encuentran en los arcades o abastos; esas en las que, por una moneda, puedes obtener alguna baratija, y la coloca en el suelo.

Luego, pregunta si alguno de los presentes tiene un centavo de sobra. Un joven nervioso, que ha estado ayudando a todos los presentadores ese día, le entrega uno. El hombre inserta la moneda en la máquina. Mueve una palanca, y se escucha como la moneda se mueve dentro de la máquina. Luego, del artilugio, sale una moneda nueva y reluciente.

El público está confundido.

Un hombre en la audiencia dice, "lo reconozco, es un buen truco".

Para responder al comentario, el hombre inserta otro centavo; otra moneda sale, tan reluciente como la anterior. En la audiencia hay expresiones de asombro, pero todos siguen confundidos. El hombre hace lo mismo con las monedas nuevas y la máquina expulsa otra moneda diferente.

El mismo hombre de la audiencia vuelve a hablar, "parece algo fantástico, pero ¿cómo funciona exactamente?"

Al escuchar esto, el hombre en el escenario se ríe y abre la máquina. La audiencia, que esperaba ver bolsas o pilas de monedas en el interior, se da cuenta de que no hay nada fuera de lo común en el interior del aparato, solo engranes, tubos y otras cosas, brillantes y limpios, sin que haya algo tan grande como para sujetar una cantidad infinita de monedas.

El mismo personaje vuelve a lanzar otra pregunta, "espléndido. Una última pregunta, y creo que después de esto podemos negociar un trato. ¿Qué evita que alguien más haga lo mismo?"

El presentador sonríe y contesta, "soy el único propietario de los derechos de esta máquina, y soy la única persona con el permiso del gobierno de los Estados Unidos para acuñar monedas nuevas".

Primero, es necesario entender que esto jamás ocurrió — una máquina mágica que creara dinero no podría existir. Pero el objetivo es claro. Hay cosas que los inversionistas quieren escuchar. No existe una cosa que atraiga más a los inversionistas potenciales como, por decirlo de alguna forma, una máquina de hacer dinero, en la cual puedan invertir una cantidad y obtener diez veces su inversión.

Es importante recordar esto de ahora en adelante. En este capítulo, discutiremos el proceso de iniciar un startup, al igual que la integración de Lean Analytics desde las primeras etapas del negocio. Sin embargo, para que usted sobresalga en esta lección en particular, es necesario que entienda algunas cosas desde este momento.

Quizá la lección más importante aquí es que los negocios son para sentirse bien. No se emprende un negocio para realizar un sueño u otro. Si se tiene el sueño de colocar un producto en el mercado y lograr que sea un éxito, ahí es fácil darse cuenta sin haber hecho mucho esfuerzo de que esto es solo una fantasía.

Dicho esto, si cambia su mentalidad un poco y se centra en el negocio en vez de hacerlo en el producto, pronto se dará cuenta de que todas sus ideas sobresaldrán en cualquier ámbito sin importar qué producto esté intentando lanzar al mercado.

También es importante mencionar en este punto que este método específico para los negocios nuevos está orientado para ayudar con mayor facilidad a aquellos startups que hacen uso del Internet, por la simple razón de que todas las herramientas analíticas ya se encuentran a su disposición en este medio y de muchas maneras diferentes. Además, cuando todo ocurre en la red es más fácil recolectar información. Hay que añadir a esto el hecho de que un negocio en el Internet o un startup de tecnología para el Internet tiene las ventajas de ofrecer diversas opciones para conseguir ingresos, en especial mediante la publicidad.

Quizá sea por esta razón que la metodología de Lean Startup funciona mejor con negocios en línea, debido a la posibilidad de ver resultados inmediatos y a la poca inversión de capital necesaria. Para comenzar un negocio en cualquier otro lugar, primero debe asegurar que el mercado objetivo en su localidad sea lo suficientemente grande para que el producto tenga éxito. Después, en lugar de simplemente satisfacer sus necesidades, deberá contar con la suerte de que al mercado local le guste su producto. Dejando esto a un lado, también deberá pagar una renta para un local, además de los impuestos adicionales, como una licencia de negocios. Esta vía no es la más práctica, y debería ser evitada en la medida de lo posible.

Al comparar esto con iniciar una compañía por Internet, los resultados son obvios. Primero, solo deberá pagar por el dominio o cualquier otro servicio que necesite utilizar. Esto implica que no tendrá que pagar una renta u otros impuestos. Además, cuando tiene un negocio de encomiendas — si eso es lo que desea — no debe hacer inventario de nada y puede simplemente actuar como un intermediario entre el fabricante o mayorista y el consumidor. Lo que implica que tampoco deberá gastar dinero en hacer inventario.

Visto de esta manera, hay una gran cantidad de ideas y formulación que se pueden manejar mejor como un negocio en línea. Tener acceso a estos medios hace muy fácil la expansión del negocio y las ganancias. Además, como se mencionó antes, las métricas que están a su disposición cuando se dirige un negocio online son mejores y más exactas que cualquier otro tipo, por la simple razón de que el Internet se basa en datos. Un negocio físico requiere que las transacciones se conviertan en datos para poder ser analizados y/o utilizados.

Con la segunda opción, no se obtienen estadísticas importantes como el número de visitas o impresiones de los usuarios. Además, cuando se dirige un negocio en línea, es fácil expandirlo hacia otros servicios basados en el internet. Por ejemplo, cuando se tiene un negocio en línea, es muy fácil utilizar las redes sociales para beneficio propio — esto puede marcar la diferencia. Las redes sociales permiten que las personas compartan entre sí las cosas y servicios que son de su agrado, y seguramente usted quiere asegurarse de que su negocio esté en esa lista. Suele ser más difícil integrar esta experiencia a un negocio físico.

Teniendo todo esto en mente, es tiempo de discutir los fundamentos para iniciar un negocio e integrar Lean Analytics en su núcleo. Esto debería hacerle fácil crear cualquier negocio y hacerlo trabajar utilizando los fundamentos de estas ideas.

Fundamentos

La idea básica de un startup viene de algún lado. Puede imaginar esto como cuando se construyen las bases de una casa. Cuando esto se hace, todos queremos construir bases sólidas que puedan sostener la casa por un largo tiempo y faciliten la construcción de la misma. No todas las ideas para startups son buenas y entender esto es una parte importante del proceso.

Para evaluar qué ideas son viables, es importante comenzar analizando lo que es *necesario* por encima de lo que se *desea*. Es complicado lograr que el mercado se ajuste a lo que usted considera que debería ser bueno; es aún más difícil que hacer que su producto u oferta se ajuste al mercado. Sabemos que hemos repetido esto antes, pero nunca está de más aclararlo. Su negocio solo será exitoso si usted le da la oportunidad de serlo.

Esto juega un papel fundamental en el concepto conocido como growth hacking. Los empresarios reconocen que hay una manera de hacer que un negocio tenga éxito, y esta va sobre invertir dinero hasta que el negocio empiece a trabajar a su favor. De hecho, conseguir dinero para un negocio es solo la mitad del trabajo, y gastar dinero en una mala idea no dará buenos resultados en ninguna ocasión.

Echemos un vistazo a NeXT Computing. NeXT fue una empresa iniciada por Steve Jobs tras ser removido de Apple. Jobs invirtió una gran suma de dinero para conseguir que NeXT despegara, pero esto no funcionó. Los diseños eran malos, el hardware era poco llamativo, los precios eran elevados, y la practicidad, baja. Había muy pocas razones para que las universidades y empresas escogieran las computadoras NeXT por encima de los productos de gigantes tecnológicos como IBM y Apple. A pesar de la inversión realizada para que NeXT funcionara, esta empresa terminó siendo un fracaso.

Se podrían llevar a cabo numerosos estudios de casos sobre compañías que empezaron con una idea para la cual no existía un mercado y que tuvieron que cambiar de rumbo, el pivote del que hablamos antes. Más adelante, hablaremos sobre cómo implementar pivotes de manera eficiente. No obstante, por el momento, solo debe entender una lección fundamental: no todas las ideas son buenas para un negocio.

Aprenda a reconocer y a entender esto. A menos que una idea sea verdaderamente revolucionaria de una manera u otra, sea rentable, y sea factible, no habrá razón para que inicie un negocio simplemente porque considere que tuvo una buena idea. En el resto de los casos, es muy probable que no exista un mercado para su idea. Un ejemplo de esto sería el sistema de realidad virtual Oculus Rift. Fue verdaderamente innovador, y se necesitó de una mayor inversión de capital inicial, lo cual es entendible para un producto como este, porque la idea era buena y vendible. Esto fue apoyado por una campaña de Kicstarter, en la cual se afirmaba que había una buena cantidad de usuarios que consideraban interesante la implementación de realidad virtual en el hardware común. Todo el asunto giró en torno al interés de los inversionistas en los conceptos fundamentales sobre la realidad virtual. Como resultado, una inversión de capital en una idea nueva como esta era algo seguro.

Quizá el Bitcoin podría figurar como otro ejemplo de tecnología nueva e innovadora. Sin embargo, hay una gran diferencia entre el Bitcoin y el Oculus Rift. Para el segundo, se necesitó de un lugar para construirse; el desarrollo del primero, no costó nada. El Bitcoin, al hacerse popular, terminaría convirtiendo a su creador en un billonario—un billonario en secreto.

¿Qué podemos aprender de estos dos casos? El hecho es que, las ideas nuevas pueden ser buenas y útiles. Pero, en el primer caso, ya había un mercado para el producto; en el segundo, el desarrollo no costó nada. Si el Bitcoin no se hubiera vuelto popular, los desarrolladores no hubieran perdido nada.

Sin embargo, ¿qué hubiera pasado si estas cosas hubiesen ocurrido? ¿Qué tal si, primero, el Bitcoin no hubiera tenido éxito? Y más importante, ¿qué tal si, además de eso, el Bitcoin hubiera necesitado de una *inversión de capital*? Hubiera sido una pérdida, a pesar de ser una idea innovadora.

La lección aquí es no desacreditar a la innovación. Nunca. En vez de eso, hay que considerar que, para ser un emprendedor efectivo, usted debe tener un sentido firme de lo que puede ser cambiado para mejor y de lo que las personas quieren cambiar para mejor. Desafortunadamente, la naturaleza del mercado y del proceso de iniciar un negocio hace que sea difícil entender qué es lo que quieren las personas o qué cosas comprarán hasta que hace una prueba. Aquí es donde entra en juego el método Lean.

Al combinar la metodología Lean Startup y el marco de referencia de Lean Analytics, usted podrá trabajar sin problemas y con ideas ricas para llevar a cabo los cambios necesarios a su paradigma de negocios conforme avance el tiempo. Todo esto comienza con una idea central.

Entonces, ¿cómo se da con una idea para un negocio? Esta es una pregunta más difícil de responder, pero lo intentaremos de todos modos. En ocasiones, las ideas "malas" tienen éxito; en otras, las "buenas", fallan. También, ocurre que los inversionistas y emprendedores solo tienen una perspectiva y una forma de entender cómo funciona el mercado, y esto no les resulta bien todo el tiempo.

Debe entender que una idea de negocios sólida implica una idea rentable. Una buena idea de negocios no es una que flota junto a las demás, sino una que tiene el potencial de generar grandes cantidades de ingresos para todos los involucrados. Busque inspiración. Piense en todas las cosas que hace en su rutina, por más pequeñas o mundanas que parezcan. Considere algo como Groupon. Conceptualmente, Groupon es simple, y es uno de esos negocios de pivote de los que hemos hablado, donde un negocio comienza con una idea muy diferente a su versión final. En esencia, Groupon es un servicio para compartir cupones. Es increíblemente simple, pero además es increíblemente útil. Además, ha generado muchas ganancias para sus creadores.

Le lección es que la inspiración puede venir de cualquier lugar. Pero la mejor apuesta siempre será dar con una idea que requiera muy poca inversión de recursos para iniciar o recursos que, a pesar de necesitar inversión, puedan ser utilizados en otras ideas de negocios también. No todas las ideas serán buenas, pero algunas sí, y estas últimas son las que debe seguir.

Cuando tenga clara cuál es su idea de negocios, lo próximo que necesitará será un plan para ejecutarla. Hay un sinfín de razones por las cuales debe tener el negocio esbozado en un papel antes de intentar hacer cualquier cosa. Quizá la más útil y más relevante es el hecho de que, al tener un startup, es sumamente fácil perder el rumbo. Esto será explicado más adelante, pero es una verdad simple. Cuando nos encontramos en control de un startup, es fácil alejar la mirada del premio. Con frecuencia, podría perder sus metas y objetivos de vista. De alguna manera, integrar Lean Analytics le permitirá mantenerse enfocado en todas sus metas mientras avanza, porque entenderá cómo debe fluir el negocio y la necesidad de presentar un producto cada vez mejor. Las formas específicas en que la analítica le será de ayuda serán exploradas más adelante cuando la discusión gire en torno a esos conceptos.

Quizá la mejor forma de dar con un plan de negocios factible es utilizar el Lean Canvas. Puede buscarlo en Google y tener acceso a él; es gratis y fácil de utilizar. Pero, ¿qué es? Para entenderlo, primero necesita entender el Modelo de Negocios del Lienzo.

Este es un método con el cual se puede obtener información relevante sobre la compañía que se dirige y planear sus actividades, además de recolectar en un solo lugar una gran cantidad de información relevante. Al hacer esto, es más fácil visualizar qué cosas necesitan ser cambiadas y cuáles deben mantenerse.

Por otra parte, el Lean Canvas es una adaptación de este modelo, diseñado específicamente para compañías en fase de startup. En esencial, este modelo le permite centrarse en los problemas que busca resolver con su producto. Además, pone a su disposición un marco de referencia y una plantilla simple a través de los cuales puede hacerse cargo de dichos problemas.

Trabajar con un marco de referencia simple como el ofrecido por Lean Canvas es más cómodo, de muchas maneras, que guiarse por planes de negocio extensos típicos de los métodos tradicionales. ¿Para qué utilizar un plan de veinticinco páginas con todos los detalles de los objetivos y actividades de su negocio cuando no es necesario? Al utilizar Lean Canvas, puede resumir todas las ideas importantes en una sola página o menos. Luego, puede compartirlas con sus amigos o socios potenciales sin costo alguno. No olvide que puede crear una cantidad ilimitada de estas plantillas en el sitio web gratis. Este método busca coordinar el inicio de su negocio al ayudarle a dar con la idea y un plan adecuado para materializarla.

Mientras desarrolla su plan de negocios, no debe olvidar que está intentando llenar el mercado y alcanzar sus objetivos con un negocio accesible. Recuerde que, sin importar cómo obtenga el capital inicial, debe lograr que su idea suene como la máquina acuñadora de monedas que mencionamos antes. Además, quiere más que eso. Debe ser la máquina. Crear una idea así requiere un plan de negocios a largo plazo y muchas de las ideas de Lean Startup para apoyarlo.

Capítulo 3: El Enfoque Lean para los Startups

En este capítulo abordaremos de manera específica qué hace distinto al enfoque Lean y cómo se integra el concepto de Lean Analytics al abordaje de los startups.

Como se ha mencionado antes, esto posee varios componentes. Sin embargo, es importante antes de explicar cualquier otra cosa que nos extendamos a explicar la filosofía de la idea de negocios y cómo dar con una idea "buena" en este capítulo. Esto ya ha sido examinado, y seguro que ya le ha dado una idea de cómo implementar su startup. Agreguemos algo más a lo que ya se ha explicado y discutamos cómo debería funcionar su compañía, haciendo énfasis en Lean Analytics.

Imaginemos que ya ha escogido su idea de negocios. Sabe lo que quiere hacer y en qué debe trabajar. Está listo para avanzar con su compañía. O quizá todavía no se encuentre en ese punto, y necesite algunas ideas sobre el funcionamiento del proceso de Lean Analytics antes de invertir en esta línea de trabajo. Es posible que, primero, quiera aprender sobre ciertos tipos de procesos.

Cualquiera que sea el caso, es importante que tenga una idea clara sobre las diferencias entre los enfoques impulsados por datos y basados en datos. En el núcleo de su negocio, al igual que en los enfoques, existen diferencias fundamentales que proveen una diferenciación obvia entre ambos.

En los negocios tradicionales, se invierte una gran cantidad de tiempo y pensamiento en la compañía, con una cantidad significativa de inventario lanzada al mercado con planes y predicciones elaborados que pueden o no dar los resultados esperados. Con Lean Startups, especialmente cuando es facilitado por Lean Analytics, esto no es necesario. En vez de eso, el enfoque es un poco más rápido, es decir, lanzar la idea al mercado tan pronto como sea posible, luego creando iteraciones de la misma, basadas en feedback y métricas.

Conocer la diferencia en Lean Startups y startups tradicionales es vital si su meta es ser un emprendedor productivo. Cuando se trabaja con Lean Startup, su enfoque está en lanzar algo al mercado y luego hacer los ajustes necesarios, dándole la oportunidad de realizar cambios de ser necesarios. Por esta razón, Lean Startup hace hincapié en el trabajo liviano. No es necesario gastar demasiado capital y tiempo en algo que podría no funcionar. Además, es necesario tener un plan y capital de respaldo preparado si se requiere un pivote.

Como se mencionó antes, Lean Startups pone énfasis en las métricas. Básicamente, se trata de tener un sistema bajo con el cual se puedan analizar las métricas y utilizar la información arrojada. Ciertas métricas pueden darle mucha información. Para tener un mejor entendimiento de Lean Analytics, es importante que conozca el ciclo del startup impulsado por datos: Crear-Medir-Aprender.

Crear-Medir-Aprender

En este punto, usted debe tener una identidad y un plan rudimentario para su startup. Además, es posible que ya disponga de una idea para su producto viable mínimo, y desee dar un paso adelante para tener una práctica significativa y, con suerte, hacer algo de dinero en el camino.

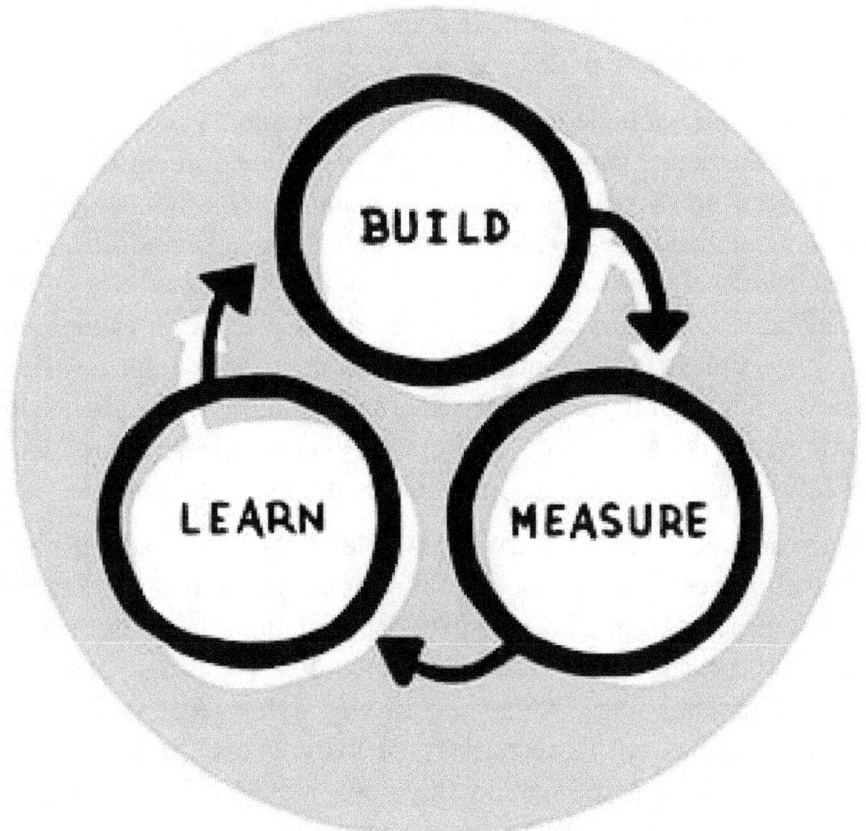

Es momento de discutir el concepto de las métricas y crear-medir-aprender. Crear-medir-aprender es en sí mismo un concepto fundamental de los startups que debe ser entendido. Es un ciclo que tiene lugar en cualquier startup, y que dentro de Lean Startup tiene un énfasis particular. Es importante que entienda todos estos detalles sobre Lean Startups porque esta información le puede ser de mucha ayuda para entender Lean Analytics y por qué debe comprenderlas, además de cómo integrarlas.

¿Qué es crear-medir-aprender? Esto describe tres procesos esenciales para cualquier negocio. Se comienza con una *idea*. Sobre las ideas se pueden crear cosas o mover el producto hacia adelante o intentar tener algún impacto sobre el mercado. Estos son nuevos ajustes o nuevos productos que podría colocar en el mercado. Entonces, puede *crear* a partir de estas ideas que considera buenas. Esta es la esencia de la parte de crear.

Después de esto, ya tiene un producto en sus manos. Puede utilizarlo de muchas maneras: lanzarlo al mercado, hacer experimentos con un segmento de su mercado objetivo o mantener el producto en un bucle de actualizaciones perpetuo para todos sus consumidores. Hay muchas formas de abordar esto, pero es aquí donde la analítica cobra relevancia. Esta le permite *medir* partes del bucle. Es en este punto donde se empieza a aprender cómo responden las personas a los cambios que se han llevado a cabo sobre el producto, cuáles han sido útiles y cuáles no, además de cómo puede o debe ajustar el producto en el futuro para satisfacer las necesidades del mercado objetivo.

Después de medir, tendrá *datos* disponibles. Estos datos son el pilar de todo el proceso porque le permitirán tomar decisiones informadas sobre los productos que ha creado y hacer cambios a estos. A esta parte del proceso se le llama *aprender*. Esta ocurre cuando se utilizan los datos para tomar decisiones informadas sobre los productos basadas en las respuestas de los clientes. Al hacer esto, puede conseguir que su negocio fluya con mayor libertad y lograr mejores márgenes de ganancia, lo cual es el objetivo principal.

Con los datos, hay dos opciones: *pivotear o perseverar*. La primera se refiere a cambiar la idea fundamental de su negocio o realizar un cambio particular en un producto o negocio después de analizar la respuesta del público. En esto radica la belleza del enfoque analítico

Lean — este permite que se actúe de forma dinámica. Aunque el proceso es reactivo, es veloz en la medida que le permite tomar decisiones basado en sus datos sin invertir mucho capital y sin alienar a sus usuarios con cambios masivos que desvíen todo hacia otro mercado.

Por otra parte, este proceso le dará ideas. Está claro que este es el punto en el cual el ciclo vuelve a comenzar otra vez, y ahora está listo para moverse a la próxima parte: el proceso de crear.

Este modelo es espléndido porque le permite tomar decisiones informadas sobre sus clientes. Los negocios que siguen modelos tradicionales podrían no tomarse el tiempo para considerar los aportes de los clientes y, como resultado, terminan gastando grandes cantidades de capital y recursos en el cambio de un producto que no tiene un mercado muy amplio. Esto no es ideal. Implicaría terminar gastando demasiados recursos valiosos solo por no tener el tiempo de analizar los datos y ajustar los procesos.

Esto hace surgir la pregunta de cómo se avanza con el enfoque de Lean Analytics. ¿Cómo se lleva a cabo el proceso de medición, y cómo se alimenta el proceso de aprendizaje de estos datos? En el resto del libro intentaremos responder a estas preguntas de la manera más apropiada, ahora que hemos analizado Lean Startup y sus utilidades.

Todo este análisis se lleva a cabo utilizando métricas. Anteriormente dimos una breve definición de este término, ya sabemos que son, en esencia, cualquier información obtenida y medible sobre las respuestas de los usuarios, que pueden ser utilizados para tomar decisiones. Suena fácil, pero seguro que le deja pensando: ¿cómo puedo saber qué métricas son importantes para mí?

Esa es una pregunta más difícil de responder. Su respuesta gira en torno al tipo de modelo de negocios que siga y en qué etapa se encuentra su compañía. Estos dos conceptos son la base de la línea de trabajo de Lean Analytics.

La Línea de Trabajo de Lean Analytics.

Como se mencionó antes, esta se basa principalmente en saber en qué etapa se encuentra su compañía y qué tipo de compañía es. Discutamos brevemente qué implican ambas cosas. A través de estos términos, se puede tener una idea sobre qué métricas son importantes para su compañía.

Primero, Lean Analytics está diseñado para funcionar con seis tipos de negocios. Todos son negocios en línea con propósitos diferentes.

El primero es el eCommerce. Un negocio de eCommerce se basa en la idea de gestionar y promover ventas en línea. Pueden ser grandes negocios como Amazon o una tienda en línea como Shoe Locker o JCPenney, hasta tiendas más pequeñas de las que nadie ha oído antes. Básicamente, si algo se vende en línea, ese sitio es un eCommerce.

El segundo tipo es conocido como Software, como un Servicio o ScuS (SaaS por sus siglas en inglés). Esto se extiende a toda clase de software alojado en las computadoras de cualquier compañía que sus clientes pueden utilizar vía internet. Un ejemplo de esto podrían ser las aplicaciones de Google, que las personas utilizan para propósitos distintos.

El tercer modelo se basa en las aplicaciones para teléfonos móviles, y se centra principalmente en las aplicaciones que son gratuitas. Estas se explican por sí mismas. Las aplicaciones son ofrecidas de manera gratuita a los usuarios y las ganancias son generadas por la misma aplicación, a través de ventas, micro transacciones o publicidad.

El cuarto son los medios. Esto se refiere a cualquier medio que aloje contenido de entretenimiento o educacional, como un sitio web para un periódico.

El quinto es el contenido creado por usuarios. Este modelo se basa en sitios donde el contenido es creado por los usuarios y subido por los mismos. Ejemplos de esto pueden ser sitios como YouTube o Medium.

El sexto y último son los mercados bilaterales, los cuales permiten a los usuarios comprar y vender objetos. Esto tiene objetivos distintos al eCommerce porque en este modelo son los usuarios quienes proveen al mercado con el inventario para las ventas.

Cada uno de estos modelos tiene características distintas que son relevantes para sí mismos y todos tienen mecanismos diversos para generar una renta y ganancias. Esto será discutido en el capítulo referente a la rentabilidad de un negocio.

Todos estos negocios existen en cinco etapas: empatía, adherencia, viralidad, rentabilidad y escalabilidad. Tomemos un momento para explicar cada una de estas fases y qué implican para cada arquetipo de negocio que fue mencionado antes.

La primera fase es la *empatía*. Esta se refiere a la identificación de una necesidad en un mercado establecido y luego dar con una idea que pueda satisfacer dicha necesidad. Todos los negocios pasan por esta etapa, no es algo único de algún arquetipo de negocios. En este punto en particular, una de las tareas más complicadas es que las personas visiten su sitio web.

La segunda fase es la *adherencia*. En esta etapa, el enfoque está en conseguir que los usuarios utilicen su sitio y se queden en él. Lo importante en este punto es tener alguna base que haga que las personas regresen. Para un eCommerce, lo más relevante sería prestar atención a la lealtad de sus clientes y la tasa de conversión de su página web. Para un mercado bilateral, la mejor métrica para la adherencia es cuánto inventario está siendo colocado en su sitio web. Para un sitio de ScuS, se debe prestar atención a cuántas personas hacen uso del servicio — y lo más importante — cuántas personas dejan de utilizarlo al cabo de unas semanas, un fenómeno conocido como *tasa de cancelación*. Para una aplicación móvil, la adherencia se mide en la cantidad de descargas que ha tenido la misma y cuántos usuarios dejan de utilizarla. Para un sitio de contenido generado por usuarios, el objetivo es lograr que la mayor cantidad de personas suban contenido para que otros usuarios disfruten de él, pero también se busca reducir la cantidad de spam subido al sitio tanto como sea posible. Para los sitios de medios, se mide cuántas personas visitan el sitio y cuantas personas *regresan* al sitio. Debe centrarse más en la segunda; cuantos más usuarios regresen, mayor será su adherencia.

La tercera etapa es la *viralidad*. En esta fase, el objetivo es lograr que muchas personas visiten su sitio y luego intentar que estas se conviertan en usuarios. Esencialmente, se trata de aumentar el número de personas que visitan su sitio. Colocar esto luego de la fase de adherencia le permite trabajar en los detalles que hacen que las personas se queden en el sitio antes de intentar atraer a más personas. Esto implica que muchos de sus usuarios nuevos serán conversiones — algo muy bueno. Básicamente, se busca que los usuarios le cuenten a sus amigos sobre los servicios ofrecidos por su sitio, ya sea porque es útil para ellos o indispensable para algo que hagan, o porque se les ha dado un incentivo a través de programas de beneficios. En un modelo de eCommerce para esta etapa, se busca que los usuarios compartan el sitio debido a las cosas útiles que pueden encontrar allí. En un mercado bilateral, se busca lo mismo: se busca que las personas compartan el sitio para que todos vean las cosas que se pueden adquirir y vender allí. En ScuS, la viralidad es algo inherente porque este tipo de servicios es intrínsecamente útil. Cuando las personas utilizan su servicio, son capaces de compartir archivos o, en ocasiones, trabajar juntas en proyectos comunes. Esto incentiva a los usuarios a contarles a sus amigos sobre el sitio. Para las aplicaciones móviles, se busca que los usuarios les cuenten a sus conocidos sobre la aplicación y que también den una buena calificación a la misma. Muchas calificaciones buenas son imprescindibles para atraer a más personas, debido a que quienes se topen con ella verán que todos piensan que es una aplicación indispensable. El contenido creado por usuarios se comparte durante esta fase, ya sea por su creador, o por otros usuarios al igual que por invitaciones al servicio en general. Para los medios, esta fase se basa en la popularidad del contenido presentado en este servicio.

La cuarta fase es la *rentabilidad*. A esta etapa se le dedicará un capítulo entero más adelante porque es un tema con mucha tela para cortar, pero, en esencia, esto se refiere a la fase en la cual se busca obtener dinero de la base de usuarios obtenida en la fase anterior.

La quinta fase es la *escalabilidad*. Para cuando llegue a este momento, ya tendrá buenos resultados y métricas en las etapas anteriores y su negocio estará ajustado a las necesidades del mercado. Ahora, es el momento de aumentar el tamaño de las operaciones. Para el eCommerce, se busca hacer esto al establecer contratos con compañías filiales que puedan vender sus productos y generar dinero al hacerlo, permitiéndole distribuir sus productos a una población más grande. Para los mercados bilaterales, se busca que las personas compartan el sitio con sus conocidos tanto como sea posible. Para ScuS, se puede aumentar la escala de varias formas: implementar otros mercados dentro de su producto para que las personas tengan acceso a más cosas, ofrecer acceso a su software en *otros* mercados o dando la oportunidad a las personas de implementar las soluciones ofrecidas por su software a través del desarrollo de una API (interfaz de programación de aplicaciones) que conecte con su servicio. Para las aplicaciones móviles, se busca desarrollar aplicaciones similares a las que ya están establecidas para que las personas las prueben, además de intentar hacer contacto con compañías grandes que quieran publicar su aplicación bajo su nombre para darle un mejor lugar en el mercado. Para el contenido creado por usuarios, se puede aumentar la escala de las operaciones al revender los datos obtenidos de los usuarios en su sitio, lo cual significará una gran ganancia y le permitirá mantener sus operaciones a través del capital obtenido. Para los medios, se busca aumentar el número de personas que utilizan su servicio al sindicarlo a otros canales o sitios de medios, o licenciar el contenido que se crea para los usuarios.

Estas son las cinco etapas. Tener conocimientos de esto le ayudará a entender qué métricas debe vigilar en un determinado momento. Además, debe considerar que estas etapas no ocurren en este orden necesariamente, y a todas se les puede dar un énfasis distinto. Los negocios crecen de manera orgánica, y la fase en la que se encuentren en algún momento cambiará de manera orgánica también, lo cual hace que sea difícil determinar en qué fase se encuentra su negocio. Sin embargo, la mayoría del tiempo, será obvio y podrá seguir este patrón sin problemas. Preste atención también al hecho de que estas pueden ocurren de forma cíclica; llegar a la quinta, *escalabilidad*, no significa que ya no se deba trabajar en la adherencia o viralidad otra vez. En un negocio siempre se están haciendo mejoras e innovaciones y tratando de aumentar la rentabilidad y el flujo de dinero. Esto es parte de la naturaleza de los negocios.

Capítulo 4: Lean Analytics y la Fase de Medición

En este capítulo, se amplía la información sobre las métricas. Aunque ya se ha definido lo que es una métrica, al igual que el papel que juegan en la creación de un Lean Startup, es importante explicar más a fondo la relevancia de llegar a la Única Métrica que Importa — otro concepto central de Lean Analytics que será explicado.

Primero, muchos de los análisis y métricas que se harán de ahora en adelante pueden ser vigilados haciendo uso de Google Analytics tool. Se recomienda el uso de esta herramienta porque provee información valiosa sobre su compañía y su funcionamiento sin coste alguno. También hay soluciones empresariales si su crecimiento es suficiente. Investigue un poco más sobre Google Analytics e implemente su uso en su compañía en conjunto con soluciones similares.

Como se mencionó antes, hay dos tipos de métricas: las de vanidad y las procesables. Sin embargo, estas pueden ser divididas en dos categorías: cualitativas y cuantitativas. La diferencia entre ambas es muy importante para su compañía.

En esencia, las métricas cualitativas son aquellas que no se derivan de números, pero pueden ser relevantes para la interpretación de estadísticas. Por ejemplo, si realiza encuestas a los usuarios y deja abierto un buzón de sugerencias, estará recibiendo datos cualitativos a través de esta. Además, este feedback puede darle información valiosa sobre el resto de las respuestas que el usuario dio en el formulario. ¿Alguna vez ha visto una reseña en línea en Yelp donde el usuario da buenas calificaciones a todo pero el índice final es bajo, y luego, en su reseña, mencionan algo que no les gustó sobre la compañía, pero todo lo demás fue bueno? Esto es un caso donde los números y los datos de la revisión no son de mucha relevancia para la compañía, pero la reseña brinda la información requerida para hacer cambios importantes, un cambio de enfoque, entre otras cosas; es decir, información relevante sobre algo que no era medible en otras partes del formulario.

Esto puede ser de mucha ayuda a las compañías porque muchas tienen éxito al cumplir sus objetivos — en general, la calidad del producto es buena — pero fallan en aspectos que son difíciles de cuantificar. Por ejemplo, si se le hace fácil atraer a las personas, sus métricas cuantitativas serán altas. No obstante, las mismas métricas pueden revelar que esas personas no regresan, mostrado en el bajo número de regresos de las mismas direcciones IP, o una cantidad reducida de actividad de los usuarios después de registrarse. La información cualitativa obtenida a través de encuestas y buzones de sugerencias le permitirá entender mejor lo que esté pasando.

Por supuesto, las encuestas y los buzones de sugerencias, no son la única vía. Algunas compañías externalizan sus productos o sitios web a otros sitios que los distribuyen entre muchos usuarios para conducir pruebas de experiencia y recibir feedback. Muchas todavía buscan a usuarios frecuentes para entrevistarlos y entender mejor cómo se sienten los mismos sobre los cambios recientes dentro de la compañía y qué requiere más cambios. Las métricas cualitativas pueden ser muy relevantes para darle dirección a la compañía y pueden brindar otra perspectiva sobre lo que piensan los clientes.

Por otro lado, las métricas cuantitativas son aquellas que dan un mayor énfasis a los números, al igual que a aquellas cosas que pueden ser expresadas *a través* de esos números. Podrían ser muchas cosas. Por ejemplo, la cantidad de visitas mensuales recibidas en su sitio, el número de interacciones en las redes sociales, entre otras. Este tipo de números pueden darle la perspectiva necesaria para hacer preguntas, que no había hecho antes, sobre sus datos, por lo que es de suma importancia que comprenda qué son las métricas cualitativas al igual que el papel que juegan. Revisarlas podría darle información importante e interesante sobre la cantidad de personas que usan su servicio, cuántas están comprando sus productos, y cuántas personas han cancelado su suscripción, entre otras cosas.

Sin embargo, a la hora de considerar todo esto, es importante que tenga claro que no todas las métricas son buenas y no todas son malas. Con la analítica, es fácil definir lo que es una buena métrica al estudiarla desde cuatro aspectos.

Primero, una métrica debe ser *comparable*. Básicamente, a medida que pasa el tiempo se debe poder hacer una comparación de la métrica en puntos diferentes para evaluar sus cambios o crecimiento. Esto brinda información valiosa sobre los cambios en alguna medida y le permite hacer comparación con métricas cualitativas y cambios recientes a su producto para determinar si algo salió mal—o si algo tuvo un buen resultado.

Además, la métrica debe ser *fácil de entender*, en especial si se trabaja con un equipo u otras personas. Si la métrica es buena, todos deben tener la capacidad de entenderla, y todos deben saber a qué se refiere la misma, al igual que lo que simboliza en el esquema de la compañía.

Las mejores métricas son también *proporciones* o *tasas*. Aunque los números pueden darle una idea general sobre el alcance de su compañía, no son suficientes para explicar el comportamiento del público. Por ejemplo, saber cuántas personas se han registrado en su sitio web no es muy significativo. Es posible que tenga muchos usuarios registrados, pero si la mayoría de ellos no utiliza el sitio y, por ende, no generan ganancias que ayudan al crecimiento del mismo, entonces, esa cantidad no sirve de nada. Lo que importa es qué porcentaje de esos usuarios *utiliza* el sitio durante cierto período, que suele ser medido en un día o en una semana.

Finalmente, una métrica debería *tener impacto* en el comportamiento del negocio. Si la métrica cambia, pero ese cambio no motiva a nada o la información proporcionada está fuera de contexto, o no hay porqué reaccionar a la misma, entonces, esa métrica no tiene ningún valor y debería ser ignorada.

En el proceso analítico, es muy fácil considerar demasiadas métricas al mismo tiempo. Antes, habíamos discutido brevemente la falta de concentración típica en muchos emprendedores de startups. Usado de manera errónea, Lean Analytics, no hará nada para solucionar este problema. De hecho, podría causar más problemas porque sería muy fácil preocuparse por todas las métricas. Incluso, se llegaría al extremo de perder la capacidad de tomar decisiones importantes, como cambios necesarios, porque no se podría entender qué estadística se relaciona con qué cosa.

Es importante que se dé cuenta de qué métricas son buenas y relevantes y cuáles son innecesarias y distractoras. Además, es importante que intente poner todo el énfasis en una sola métrica y luego tratar de incitar algún tipo de cambio sobre la misma. Sin embargo, antes de discutir esto, debemos explorar los conceptos de correlación y causalidad.

Correlación y Causalidad

Al estudiar las métricas, se encontrará con dos temas de discusión bastante simples: correlación y causalidad. A pesar de su simplicidad, ambos juegan un papel importante en el tema de las métricas y pueden ser intrínsecamente difíciles de deducir desde la perspectiva de un usuario final.

Entender estos conceptos es fundamental. Puede existir una correlación entre dos tipos de datos, sin que uno sea la causa del otro. Aprender a diferencias ambos y aplicar esta diferenciación a sus métricas es de suma importancia.

Dos métricas pueden estar correlacionadas si aumentan o disminuyen al mismo tiempo. Dos métricas están conectadas por causalidad si una tiene un impacto directo o causa el cambio de la otra. Esta distinción es importante, ya que muchas personas pueden ver dos métricas correlacionadas, pero sacarán una conclusión causal entre ellas que podría no ser cierta.

Esto no excluye el hecho de que dos métricas correlacionadas puedan tener una relación causal. Ambas podrían estar relacionadas al cambio en otros factores. Sin embargo, también es posible que las métricas no guarden ninguna relación entre sí.

El ejemplo clásico para explicar este punto es la conexión entre el helado y los ahogamientos. Una persona se da cuenta que en sus datos, el índice de consumo de helado aumentó. Al mismo tiempo, el número de ahogamientos también subió. Estos factores están correlacionados porque ambos se elevaron al mismo tiempo. Sin embargo, esta persona llega a la conclusión incorrecta de que las personas que consumen helado son más propensas a ahogarse; esta es una forma errada de analizar los datos. En vez de esto, habría que buscar alguna conexión entre estas métricas.

En este ejemplo, las personas se ahogan cuando van a nadar. ¿Cuándo ocurre esto con mayor frecuencia? La respuesta es, obviamente, durante el verano. ¿Cuándo consumen más helado? El helado es frío. Las personas lo comen cuando hace calor, por lo tanto, las personas comen más helado durante el verano. De esta manera, la causa de estos incrementos es el calor que hace durante el verano. Esta es la métrica causal de las otras dos, y nos da una perspectiva más clara sobre lo que está ocurriendo.

La Única Métrica que Importa

Para deducir qué métricas son más importantes para usted, debe intentar descubrir las relaciones causales entre estas. Por ejemplo, si las personas no están regresando a su sitio web, quizá la experiencia no es disfrutable o lo suficientemente útil como para que lo hagan. Por el contrario, si hay una gran cantidad de visitas a su sitio, pero las personas no se registran, puede ser que la experiencia no sea muy atractiva. Hay una cantidad sin fin de métricas, todas pueden darle información diferente sobre el desempeño de su compañía.

Al comenzar, es necesario que se centre en una sola de estas métricas a la vez. A esto se refiere el término *la única métrica que importa*. Este concepto se presta para malas interpretaciones. La mayoría de las personas que están manejando los conceptos de Lean Analytics malinterpretan esto de una manera desastrosa, asumiendo que solo deben centrarse en una sola métrica durante todo el desarrollo de la compañía. Sin embargo, este no es el caso.

Este concepto implica que en cierto punto del crecimiento de su compañía, su enfoque debe estar en cambiar una métrica específica. Debe concentrar todos sus esfuerzos en lograr este cambio por encima de todas las cosas. Esto podría ser cualquier cosa. Por ejemplo, si se encuentra en un período en que desea generar crecimiento, sería una buena idea enfocarse en una métrica que refleje la adherencia de su compañía y lo que hace que las personas consuman sus productos o utilicen sus servicios. Esto podría ser algo como el porcentaje de visitantes únicos que vienen al sitio pero no se registran; este es un número que quiere aumentar si desea crecer como compañía y retener usuarios.

Esto le permite trabajar sin distracciones. De esta manera, puede delimitar cuál es su trabajo como compañía y que recursos debe utilizar. Cuando se trabaja en equipo, esto implica que se puede enfocar toda la productividad de los miembros en el desarrollo de soluciones para un problema específico. Este último punto será discutido en el próximo capítulo, que se centra en el aprendizaje.

La idea central del concepto de una única métrica es extraña porque se aplica en las tres fases: en el proceso de creación, donde busca crear su producto o negocio para acomodar la métrica; en el proceso de medición, donde busca obtener información para correlacionar la métrica y al mismo tiempo intenta determinar qué causa esta métrica; y en el proceso de aprendizaje, donde se revisan las mediciones tomadas durante los procesos anteriores y se determina cuál será el siguiente curso de acción, teniendo en cuenta lo que se ha aprendido sobre los usuarios.

Quizá la razón más importante para utilizar la única métrica que importa es que esta puede responder a la pregunta más importante que surja en un momento específico. Como un negocio, y, en especial, como un startup, tendrá que lidiar con una gran cantidad de preguntas y responsabilidades. Sin embargo, hacer uso de esto, le permitirá concentrar todas estas dudas y responsabilidades en el aspecto más importante para su compañía en ese momento. Por ejemplo, si existe algún desequilibrio en su compañía o hay alguna pregunta molesta sobre la compañía en general, ambos factores le guiarán a la métrica que debe estar estudiando en ese momento.

No se confunda como los demás. Esta métrica cambiará — eso es seguro — y saber en qué métricas concentrarse en un momento determinado es parte integral del crecimiento de un emprendedor. Una vez que su compañía haya crecido lo suficiente, contará con los recursos para enfocarse en varias métricas al mismo tiempo; pero hasta entonces, sería mejor centrarse en una cosa a la vez.

Otra razón fantástica para hacer esto radica en que, al entender en qué métricas enfocarse, puede moverse a través del proceso de crear-medir-aprender con mayor frecuencia. El objetivo de utilizar Lean Analytics es pasar por este ciclo tanto como sea posible para lograr innovación constante en su producto o su compañía y convertirlo en un artículo ideal para el mercado tan pronto como sea posible, es decir, llegar al punto en que más personas deseen adquirirlo y usarlo.

Trabajar utilizando este concepto le permite definir qué métrica necesita cambiar y, por lo tanto, experimentar con ello. Y es ahí donde llegamos a uno de los puntos críticos de este asunto.

El hecho es que no todas las soluciones para la mejora de su producto o negocio serán buenas. No todos verán el cambio como algo bueno, y es probable que su compañía les agrade a muy pocas personas al principio. Debe internalizar esto porque es la verdad. Sin embargo, dejando esto de lado, debe entender que experimentar es parte vital de cualquier negocio. Es a través de este proceso que se desarrolla la intuición para hacer negocios y cómo hacer crecer una compañía.

Llegar al éxito sin tener fracaso alguno es cuestión de suerte. Esto es algo casi imposible de repetir. Por el contrario, ser exitoso enfrentando dificultades es algo más probable — así es este proceso, y se le llama aprendizaje. Este ocurre cuando aprendemos de nuestros errores. Recuerde esto mientras avanza, especialmente cuando discutamos sobre la experimentación en el capítulo siguiente.

Capítulo 5: Lean Analytics and la Fase de Aprendizaje

Es más importante explicar esta fase que la de medición, ya que esta última ocurre sin su intervención. Por ejemplo, la recopilación de datos será realizada de manera automática por los programas que haya dispuesto con este fin, lo que significa que nunca tendrá que mover un dedo para hacer algo relacionado con los datos hasta llegar a la fase de aprendizaje, donde es necesario revisar la información recopilada.

El desarrollo de esta fase dependerá de lo que su compañía esté *intentando* hacer. Por ejemplo, si se llevó a cabo un experimento durante la fase de creación y de realización de mediciones en la fase de medición, la fase de aprendizaje consistirá en revisar los resultados de dicho experimento en un medio aislado, al igual que en lo que respecta al negocio entero y sus influencias que pueden ser afectadas directamente por esta clase de datos.

Sin embargo, el enfoque de este capítulo es la revisión de datos y el diseño de experimentos basados en estos. Aquí aprenderá qué hacer con los distintos tipos de métricas, además de cómo aplicar lo que ha aprendido de estas métricas para manipular el resto de la información que ha recopilado.

Análisis de Cohorte

Lo primero a discutir es una forma muy útil de revisar la información recopilada. Esto es conocido como análisis de cohorte, y Google Analytics hace que sea mucho más fácil apreciar estas cohortes por fecha de adquisición, es decir, la fecha en que los usuarios entraron a su sitio web. Otras herramientas analíticas proveen maneras distintas de estar al tanto de esta información, así que debe revisar todas las opciones.

El análisis de cohorte se refiere al proceso de dividir a los usuarios que entran a su sitio web en categorías arbitrarias escogidas y descritas por usted. Esto podría ser (como en el ejemplo) la primera vez que entraron al sitio o la manera en cómo llegaron a este — tanto si son usuarios que hacen click en los anuncios como usuarios que no habían interactuado con el sitio desde hace tiempo.

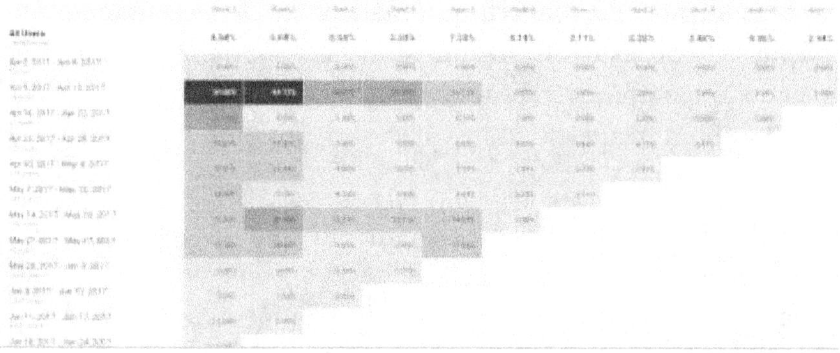

Esto es particularmente útil porque las métricas resultantes pueden ser descriptivas. Por ejemplo, digamos que lanzó una campaña publicitaria que elevó las métricas en su sitio. Estas son buenas noticias. Sin embargo, luego se dio cuenta de que muchos de estos nuevos usuarios no utilizan sus servicios durante mucho tiempo. ¿A qué se debe esto?

Con esta métrica, se puede analizar qué usuarios vinieron de dónde, o cuándo aumentó el número de usuarios en comparación con su campaña publicitaria más reciente. Esto le permitirá hacer deducciones lógicas sobre esta información. Por ejemplo, en el primer caso, es posible que el número de usuarios se haya reducido después de la última campaña publicitaria. La conclusión más lógica sería que los anuncios no fueron dirigidos hacia personas que estaban interesadas en sus servicios.

Las *cohortes* no son más que las categorías en que se dividen a los usuarios dependiendo del tipo de información. Las cohortes agrupadas por elementos comunes son conocidas como *segmentos*. Se puede conseguir una buena cantidad de información al analizar cómo los diferentes segmentos interactúan con su sitio y, a través de esto, puede aprender qué cosas deben mejorar.

Experimento

Una de las partes más críticas de todo el proceso de crear-medir-aprender es el proceso de experimentación. Recuerde que en cualquier momento en que recolecte datos y luego intente modificarlos a través de una decisión basada en los mismos, usted se encuentra realizando un experimento. El modelo de Lean Analytics se diferencia de los modelos tradicionales en este punto: se basa en experimentos. El objetivo de este modelo es producir, científica o metodológicamente, la mejor compañía posible mientras se reducen todos los gastos innecesarios. De esta manera, Lean Analytics aborda la creación de un negocio de una forma más científica que otros enfoques. Por esta razón, su objetivo es cambiar el hecho de que el 75% de los startups fallan, al darle las herramientas para alcanzar el éxito desde el comienzo.

En este momento, hemos llegado a una de las partes más relevantes de todo el libro. Siempre debe tener una buena disposición a la experimentación porque esta implica innovación. Para que su sitio se mantenga en la cima, tiene que experimentar e innovar en maneras de hacer felices a sus usuarios. Esto no significa que deba tratar de cambiar algo que ya funciona, pero debería tener la confianza y una línea de trabajo para que, cuando llegue el momento de experimentar, pueda hacerlo sin dificultades. Esto es una parte fundamental de tener una compañía, y es algo que merece respeto.

Cuando analice sus datos, recuerde que debe escoger una métrica en la cual centrarse basada en la fase actual del desarrollo de su compañía y las preguntas importantes que rodean a la misma. Por ejemplo, quizá necesite trabajar en la interfaz y la experiencia de los usuarios en el sitio para hacerlo más atractivo para los visitantes y que las personas regresen con mayor frecuencia. Todo con el fin de aumentar las ganancias durante la fase de rentabilidad o aumentar la cantidad de usuarios fieles en la fase de adherencia. De cualquier manera, esto le provee con algo imprescindible: una métrica en la cual debe trabajar.

Es fácil reconocer en qué se debe trabajar al observar las métricas obtenidas en la fase de aprendizaje. En este punto, puede empezar a formular ideas sobre cómo mejorar las mismas, teniendo en cuenta qué podría empeorarlas, o qué podría hacer para que cambien de manera favorable.

Esta sería la primera parte. La segunda sería la reproducción de una idea y el procesamiento de los datos relacionados con esta, la cual ocurre cuando el ciclo de crear-medir-aprender se repite.

Existen muchas maneras de realizar experimentos. Regresemos a la idea de mejorar la experiencia de los usuarios para hacer que estos vuelvan a nuestro sitio. Puede que su equipo haya pensado en varias maneras de lograr esto, y las presente como opciones posibles. Usted decide probar cada una de ellas para ver cuál es la mejor. En este momento, se necesita pensar fuera de la caja. En ocasiones, se pueden poner a prueba ideas fundamentales sin necesidad de invertir mucho capital o recursos en ellas, o sin necesidad de crear nada.

Simplemente, debe dar con una manera de medir cómo responden los usuarios a una determinada idea.

En cualquier caso, debe ingeniárselas para resolver el problema al que se enfrenta. Una forma de hacerlo mediante formulaciones es a través del Lean Enterprise Experiment Canvas.

Esta es una herramienta que le permite enlistar las características de un problema en particular. Puede anotar la única métrica que importa. Puede anotar los problemas con los que los usuarios finales podrían encontrarse. Después de esto, puede buscar las soluciones. Desde aquí, también puede dar con una forma para probar las soluciones posibles y ver cuál es la mejor.

Fuente: LeanAnalyticsBook.com

Para definir una prueba, lo primero que debe hacer es definir un grupo de pruebas sobre el que se llevará a cabo la misma. Por ejemplo, digamos que quiere implementar un sistema de chat y decide realizar un screening para el 20% de sus usuarios para recopilar información basada en sus respuestas; o desea cambiar el estilo de la página web para hacerla más fácil de leer, y decide implementar el cambio para 15% de sus usuarios para ver cómo responden. Estas acciones le permitirían realizar pruebas sobre un grupo de personas finito al igual que obtener algunas métricas sobre cómo serían realizadas las pruebas.

Finalmente, debe definir qué implica el éxito en un experimento determinado. Por ejemplo, si el índice de retención de usuarios aumenta de manera masiva debido al cambio de estilo, o si una gran cantidad de usuarios apoyan la implementación de un sistema de chat, entonces, podría decirse que el experimento tuvo un impacto positivo en el sitio. Después, se llega a la fase de aprendizaje, donde se revisa toda la información y si el experimento tuvo un impacto relevante en la única métrica que importa.

Se podría preguntar, ¿cómo saber qué experimento es bueno? ¿Cómo diferenciar un experimento bueno de uno malo? Esto se define en base a la cantidad de recursos utilizados para llevarlo a cabo en vez de preocuparse por los cambios que podrían conllevar. Como el sistema de Lean Analytics recompensa los cambios graduales, usted evitará realizar cambios masivos en sus servicios que pudieran ser la causa de gastos innecesarios de recursos a largo plazo cuando los cambios pequeños pudieran tener un impacto similar en sus métricas.

Básicamente, determinar qué experimento es bueno no es una tarea fácil. Se hace más fácil con la experiencia, en especial cuando empieza a entender los conceptos fundamentales de Lean Analytics, pero en este momento, podría ser difícil de entender. Por ahora, solo debe buscar los experimentos con el mayor potencial para causar un impacto positivo en la única métrica que importa mientras se utilizan menos recursos.

Experimentación Utilizando Datos Preexistentes

Digamos que ya tiene información a su disposición y que quiere trabajar con ella. Desea realizar experimentos utilizándola para llegar a alguna conclusión relevante. Puede hacerse sin dificultad. Muchos de los experimentos que se pueden realizar con este tipo de información son similares a los que se realizan con datos recolectados. Siempre se está prestando atención a las métricas que se desean cambiar y luego dar con maneras de manipular esta información.

También puede utilizar la misma información para llevar a cabo múltiples experimentos. Esto es particularmente útil porque le permite llegar a varias conclusiones, en especial cuando una métrica se encuentra por debajo de sus niveles normales o experimentando algún cambio. El proceso se mantiene igual, y la diferencia de experimentos depende de usted.

Lienzo de Problema-Solución

También puede utilizar el lienzo de problema-solución para dar con experimentos significativos. Esta herramienta está diseñada para ayudarle a encontrar maneras de solucionar problemas diversos en su compañía. Su objetivo es ayudarle a convertir un problema en una solución.

Lo esencial aquí es comenzar con la descripción de un segmento de clientes y sus problemas. En este proceso, también debe buscar la raíz del problema y sus elementos. Es decir, está intentando definir el segmento de clientes afectado por el problema; el problema; cómo afecta al cliente y cómo se siente el mismo antes y después del problema; todas las soluciones al problema; el comportamiento del problema; si existen variaciones en el mismo, la raíz del problema, o la solución final del mismo.

Por supuesto, la implementación de esto variará dependiendo de lo que esté buscando hacer. Por ejemplo, usted podría ser su propio cliente. Al usar este método, usted está intentando enfrentar el problema un paso a la vez para dar con una solución razonable.

Fuente: Daria Nepriakhina

Cierre

Al utilizar estas herramientas, tendrá un método claro para navegar la fase de aprendizaje y deducir información valiosa de los datos recopilados. También, podrá diseñar una línea de trabajo sólida para llevar a cabo experimentos en el futuro.

Capítulo 6: Ganancias y Cálculos

El propósito de las ganancias es claro: generar un flujo estable de ingresos a partir de los procesos de su compañía que no son necesariamente su producto, aunque esto también implica todo lo que se vende. Lo que significa que todo el dinero que se genera en su sitio debe ser considerado como ganancia. El objetivo de cualquier persona que inicia un negocio es generar tantas ganancias como le sea posible.

Sin embargo, hay una línea delgada que se debe discutir en el momento de hablar de ganancias, es muy fácil hacer demasiado a la hora de generarla. Hay que ser cuidadoso con el aspecto psicológico implícito: no debe hacer que sus clientes piensen que están allí solo para generarle ingresos. Su meta debe ser crear un sitio próspero con una buena base de usuarios y muchos eventos—así es como se construye un sitio web que las personas quieren y que disfrutan visitando.

El objetivo de este capítulo es comentar las generalidades de los cálculos que hubieran roto el flujo normal de otros capítulos, pero que son de suma importancia para tener un conocimiento más profundo de todos los conceptos presentes en este libro. Por ejemplo, se cubrirán cosas como el coeficiente viral y el ciclo viral y qué es lo que implican en relación a Lean Analytics.

Comencemos hablando sobre los diferentes tipos de ganancias que son generadas por los negocios dependiendo de su actividad comercial. Nótese que durante esta fase, su concentración estará dirigida a desarrollar mecanismos para incrementar el flujo de ganancias.

Las personas y sitios web que emulan mercados tienen como fuente principal de ingresos el dinero generado por transacciones comerciales. Hay dos tipos de sitios como estos, como ya se ha mencionado. En los eCommerce, se generan más ganancias a través de las transacciones de los usuarios que acuden al sitio. Además, usted siempre tratará de mantener a los usuarios activos en el sitio tanto como sea posible. Los mercados bilaterales generan más ganancias en base a las comisiones que se cobran en las transacciones realizadas en estos sitios.

Para las personas que dirigen sitios de Software como un Servicio o aplicaciones móviles dirigidas a usuarios, generarán ganancias dependiendo de la cantidad de usuarios que utilicen sus servicios. En esencia, siempre que los usuarios estén activos en el sitio, este generará ganancias. Esto puede calcularse a través del tiempo de vida de un usuario en el sitio y el costo de adquisición de usuarios. Se crean ganancias a través de anuncios publicitarios y la participación de los usuarios. También pueden generarse por ventas de productos de mayor valor a los usuarios que ya utilizan sus servicios.

Los últimos dos tipos, entre los cuales destacan los sitios de contenido generado por usuarios y medios de comunicación, generan ganancias a través de publicidad, donaciones y métricas similares principalmente. Además, si usted dirige un sitio basado en medios de comunicación, como un sitio de reseñas, puede generar ganancias a través de servicios de publicidad de pago por click, marketing de afiliación, y cualquier cosa de la misma naturaleza.

Todo esto se explicará en mayor detalle en las secciones siguientes.

Publicidad y Ganancias

Las ganancias por publicidad pueden tomar muchas formas y son un medio principal mediante el cual los sitios que presentan contenido y noticias obtienen la mayoría de sus ganancias. Con frecuencia, podrá crear ganancias al presentar cosas como Google AdSense y campañas similares. También puede generar ingresos a través de anuncios de pago por click.

Otra forma de publicidad no relacionada es el marketing de afiliación. Esta forma funciona mejor en sitios de medios de comunicación porque puede integrarlo a sus medios sin problemas. En esencia, el marketing de afiliación se lleva a cabo cuando usted actúa como afiliado de alguien más y promociona sus productos. Siempre que realice una venta — o, dependiendo del sitio, siempre que alguien vea los productos —, usted recibe un porcentaje de la venta o una cantidad fija por cada vez que alguien vea el producto.

Esta es una forma fantástica de ganar una suma considerable de dinero de manera regular, y la misma aumenta considerablemente dependiendo de la popularidad de su sitio web. Si está interesado en marketing de afiliación, puede visitar sitios como JvZoo para encontrar filiales que están buscando personas que promocionen sus productos. Estas son las compañías con las que debe hablar y trabajar. Además, muchos sitios de marketing de afiliación tienen términos cómodos para las personas que están llevando a cabo esta actividad.

Freemium

Otra forma de conseguir ganancias es el modelo freemium. Este se define como un modelo donde la aplicación inicial o la aplicación en su forma más simple son gratuitas para el usuario. Sin embargo, los servicios adicionales tienen un costo más elevado. Estos servicios pueden expandir y mejorar la experiencia del usuario y, en general, son cosas que mejoran el software o aplicación.

Los juegos para móviles suelen utilizar este modelo. Les permiten a los usuarios utilizar la moneda real en cosas que pueden mejorar la jugabilidad. Con frecuencia, esta suele ser la fuente principal de ingresos de todo juego para móvil cuando hacen a un lado las ganancias por anuncios publicitarios.

Este modelo puede ser bueno o malo para su compañía. Por una parte, si su producto ya es algo completo y las características adicionales no añaden nada a la experiencia, puede que no genere muchos ingresos extra. Sin embargo, los usuarios finales con dedicación siempre estarán buscando cualquier característica adicional, pero los usuarios comunes no. Para compensar esto, podría cobrar más por todas las características adicionales de manera que las personas que las compran paguen por los gastos en las mismas.

Por otra parte, si decide desarrollar un producto que requiere de pagos para obtener la versión final, es muy probable que los usuarios dejen de utilizarlo sin dudarlo. Se sentirían estafados o sentirían que los desarrolladores se están aprovechando de ellos y que descargar algo gratis fue una pérdida de tiempo. Esto haría que su compañía sufra una subida en su tasa de cancelación, lo cual no sería bueno de ninguna manera. El mejor curso de acción es solo utilizar freemium en casos donde esté claro que su implementación resultará beneficiosa, como en productos donde existirán diferenciaciones claras en las habilidades que dividen a los usuarios premium y a los regulares; un ejemplo son los editores de video. En el resto de los casos, sería prudente implementar otros modelos. El único lugar donde esto suele funcionar muy bien es con aplicaciones móviles. E incluso allí, solo porque el mercado permite la existencia de modelos freemium, no implica que este sea la mejor manera de hacer negocios. Para las aplicaciones se recomendaría seguir dicho modelo para cosas donde la brecha entre los usuarios sea grande.

Paywall

Muchos sitios eligen utilizar un paywall. Esto es una de las formas más comunes de generar ganancias en los sitios de medios. Con un paywall, se les permite a los usuarios consumir cierta cantidad de contenido que está disponible en el sitio. Después de esto, se les pide una subscripción al sitio. Esta es una buena manera de permitirles a las personas disfrutar del contenido disponible mientras se crea una dependencia del mismo. Una vez que estén enganchados con el contenido, es más probable que quieran superar el paywall y pagar por una subscripción.

También existen paywalls para cosas como aplicaciones, los cuales pasan por demos para que las personas prueben una aplicación antes de que decidan comprarla. La idea en esencia es la misma: intentar que las personas se enganchen con el contenido. Una vez que hayan sido atrapadas por el mismo, se sentirán dispuestos a pagar por todo el contenido.

Medir el Valor de los Clientes

El objetivo de esta sección es mostrar mediciones de muchas cosas que son particularmente útiles para determinar el valor de los usuarios. Se explicarán y definirán algunas métricas diferentes para entender lo que implican en este contexto.

Lo primero es cómo determinar el valor del tiempo de vida de un cliente. Esta métrica es valiosa en el desarrollo de la idea del valor de sus clientes y cuánto valen a largo plazo. Este es uno de esos casos en los cuales el uso de Google Analytics permite una medición sencilla y facilita la recopilación de información.

El tiempo de vida del cliente es un cálculo de cuántas ganancias genera este en su tiempo como cliente de su compañía; es decir, cuánto generan desde su primera compra hasta la última.

Las personas que disfrutan de su tienda o sitio web regresarán muchas veces e intentarán seguir comprando en su sitio. Realizarán muchas órdenes y generarán muchas ganancias. Sin importar lo que se gaste en conseguir estos clientes—ya sea a través de campañas publicitarias, viralidad, o cualquier cosa parecida—, usted se beneficiará en cualquier momento cuando un cliente regresa y comienza a generar más ganancias de las que había producido antes. Por lo tanto, cuantos más clientes gastan más dinero, el valor del tiempo de vida del cliente aumenta. El cálculo de este valor expresa cuánto puede esperar que un cliente gaste en su compañía durante el período de tiempo en que esta persona compre cosas utilizando sus servicios.

No existe un método estándar para averiguar el promedio de este valor. Se pueden utilizar modelos diferentes, algunos más simples que otros. Para los propósitos de este libro, lo calcularemos como *el promedio de ganancias de cada orden multiplicado por el promedio de la cantidad de órdenes de cada cliente*. También puede restar el promedio de los costos de campañas publicitaras para tener un estimado de cuánto se ha gastado en cada cliente.

La idea detrás de calcular este promedio es tener un estimado de cuánto se gasta en adquirir clientes nuevos sin perder utilidades. El objetivo es lograr un equilibrio. Si el promedio del tiempo de vida de sus clientes tiene un valor de $120 después de restar el promedio de campañas publicitarias, puede, entonces, asumir que gastará $120 en cada otro cliente nuevo sin perder utilidades.

Otro aspecto que merece su atención es el costo de adquisición del cliente o *CAC*. Esto es cuánto cuesta adquirir un cliente determinado. Esto se calcula al dividir cuánto se gasta para atraer clientes nuevos — es decir, lo que se gasta en campañas publicitarias u otras prácticas de marketing — entre el número de clientes que se han adquirido.

Por ejemplo, digamos que gastó $150 en marketing durante el año 2016 y en ese mismo año ganó 300 clientes. Entonces, tendría un CAC de $2, lo que quiere decir que la adquisición de cada cliente le costó $2 basado en su táctica de marketing actual.

En Lean Analytics, estas dos métricas son muy poderosas. Primero, le proveen con la perspectiva de cómo las personas están viendo su sitio. Por ejemplo, si su CAC es alto, es probable que sus anuncios no estén bien planeados. Necesitará realizar análisis de cohortes para determinar dónde están fallando las campañas y qué campañas no están logrando su objetivo. Puede asumir que las personas son clientes si, en ausencia de una mejor medida, visitan su sitio en varias ocasiones. También puede determinar quién está gastando dinero en su sitio a través de las direcciones IP y descubrir qué personas son clientes y cuáles no. Muchas máquinas analíticas API de escaparate ofrecen este tipo de funcionalidad de una manera muy sencilla que hará que sea muy fácil procesar este tipo de información.

Además, estos son conocimientos importantes sobre la generación de ganancias en ciertos tipos de sitios, en especial si estos dependen de publicidad para generar utilidades. "Clientes" puede definirse vagamente o ser descrita como la cantidad que es utilizada para ganar *usuarios*. En este caso, en un sitio con publicidad obligatoria como YouTube, se puede ganar mucho dinero al hacer que su sitio tenga un CAC bajo. Las implicaciones detrás de esto son que puede atraer más gente por menos dinero, las cuales, a su vez, generarán ganancias a través de los anuncios en su página.

Medir el Valor de los Usuarios y los Visitantes

En el último párrafo de la sección anterior se explicó brevemente por qué medir el valor de sus usuarios consistentemente podría ser particularmente útil. Esta sección expandirá esta idea, añadiendo a ella el valor de los visitantes.

Calcular el valor del tiempo de vida de los usuarios es útil, en especial de páginas donde no se espera que compren nada y las ganancias se generen mediante canales como publicidad o marketing de afiliación. Se calcula de una manera similar al de los clientes. Primero, se debe echar un vistazo al total de las ganancias generadas. Luego, se divide por el número de usuarios activos al mes. Sin embargo, esto no siempre es exacto porque se debe contar también con el promedio de campañas publicitarias para determinar cuánto se gasta para adquirir estos usuarios. El resultado de esto es el promedio del valor de tiempo de vida de un usuario, o cuántas utilidades ha generado ese usuario. Esta métrica es útil porque dice mucho sobre cuánto generan los usuarios y qué puede esperar de ellos más adelante.

En líneas generales, su objetivo está en aumentar este valor mientras disminuye la cantidad gastada en atraer usuarios y aumentar el valor de las ganancias que generan (por ejemplo, mediante mejores conexiones de marketing de afiliación, mejores anuncios, entre otras). Cuanto mayor sea este valor, mayores serán las ganancias generadas por cada usuario.

También debe medir el valor de sus visitantes. Estos son las personas que no se registran en su sitio pero generan valor de cualquier manera. Muchas personas que utilizan sitios de noticias son visitantes sin cuentas, no obstante, generan ganancias para estas páginas al ver los anuncios o haciendo click en enlaces de marketing de afiliación. Al igual que antes, este valor se puede determinar al dividir el total de las ganancias generadas por la página entre el número de visitantes mensuales. Esto le dará una idea de cuántas ganancias son generadas por los visitantes.

Coeficiente Viral y Ciclo Viral

Tener una idea sólida sobre cómo abaratar los costos, conseguir más usuarios y clientes utilizando menos recursos y generar más ganancias gracias a su presencia, puede ser de gran ayuda.

Ahora es tiempo de explicar el coeficiente viral y el ciclo viral. Estos son conceptos esenciales en el reino del marketing viral, y es necesario que usted entienda a qué se refieren ambos. Todos saben que un contenido viral es aquel que está difundiéndose a través de la boca de las personas. Lo que las personas no saben es que hay una fórmula para analizar el crecimiento viral.

El crecimiento viral recibe ese nombre por ser una forma en que algo se esparce entre los usuarios. Cuando los usuarios le cuentan a sus amigos sobre este tema o las personas con mucha influencia comparten esta información, este crecimiento es aún mayor. Entender esto es relevante, ya que lograr un crecimiento viral estable es parte fundamental del marketing y, sin duda, algo que usted quiere lograr. Esto tiene varios elementos. Uno de los más importantes es el coeficiente viral.

Para este ejemplo asumiremos que se cuenta con una cifra inicial de usuarios, c. Digamos que cada uno de ellos envió un enlace del sitio web x a una cantidad de personas. Luego, tenemos una tasa de conversión r, que simboliza el porcentaje de personas que han hecho click y se han registrado.

En base a esto, podemos asumir que por cada persona enviando el link a su sitio web o producto a x cantidad de personas, $r*x$ de esas personas se registrarán. Esto nos da el coeficiente viral. Puede utilizar este número para predecir cuántas serán reclutadas por cada cliente. Esto significa que la tasa de conversión es del 30%, y que cada persona que envíe el link a 20 conocidos generará 6 clientes nuevos (20*6).

Asumiendo que nuestra base de clientes iniciales era de 10, de los cuales cada uno ha generado 6 clientes nuevos en el período 1, implica que al inicio del período 2 podemos esperar adquirir 60 clientes nuevos. Este sistema es un poco desordenado, pero con él es fácil representar cómo funciona el crecimiento viral en el marketing y cómo pueden hacerse predicciones y dar con análisis referentes a las tasas de conversión basadas en cuántas personas reciben una recomendación sobre su página web de parte de sus usuarios en contraste con cuántas se registran en la misma. Se puede utilizar el promedio de estas o una línea de regresión sobre un período de tiempo extendido para estimar cómo se comportará este crecimiento más adelante.

Otro aspecto importante de esto es el *tiempo del ciclo viral*. Esto se refiere a la cantidad de tiempo necesaria para que se complete el ciclo viral. Este, en esencia, se define de esta manera: el cliente 1 mira una aplicación, la prueba, le gusta la aplicación y decide invitar a personas; invita al cliente 2, el cliente 2 abre la aplicación, y el proceso vuelve a comenzar. Esto es importante porque cuanto más corto es este proceso, más rápido es el crecimiento viral.

Servicios basados en Subscripciones

La última fuente más importante de ganancias son los servicios basados en subscripciones. Una gran cantidad de negocios empieza a seguir este modelo. Incluso las cosas que solían ser lanzadas sin necesidad de subscripción, como Microsoft Office, han empezado a moverse a plataformas basadas en subscripciones.

Esto tiene sentido — suele ser más provechoso vender una subscripción más barata para algo que las personas utilizarán de manera continua que vender lo mismo a un precio muy elevado. Esta es la nueva táctica para vender cosas como Microsoft Office, Adobe Suite, y otras cosas. Además, si usted dirige un sitio de medios de comunicación, ofrecer una subscripción para poder disfrutar de sus contenidos puede ser una fuente constante de ganancias, siempre que pueda mantener a sus subscriptores en su página.

Capítulo 7: Las Fases de Lean Analytics

Para que alcance el éxito con Lean Analytics, es importante que conozca algunas de sus etapas. No se puede pasar de una fase a otra si no se completan de manera apropiada los pasos de la actual. Aunque Lean Analytics se puede dividir en tantas etapas como se desee, hay cinco que son fundamentales y en las que se puede centrar para llevar a cabo un buen trabajo. Estas son las cinco fases que le pueden ayudar a implementar una metodología Lean:

• Fase 1: En ella se identifican los problemas. Hay muchas personas tratando de buscar la solución a algo cuando, en realidad, primero deben concentrarse en el problema. Notará que un negocio que realiza ventas a otros negocios necesita hacer énfasis en esta fase. Si se localiza el problema que se desea resolver, entonces, se puede continuar a la fase siguiente.

• Fase 2: En esta fase se debe crear un producto mínimo viable que pueda ser probado por sus clientes. Así que el énfasis está en involucrar y retener a sus clientes. También puede utilizar el tiempo para aprender cómo lograr esto. Se requieren pasos experimentales, y es posible que tenga que pasar por un proceso de ensayo y error para comprender cuál es el producto con mayor aceptación. Es necesario recopilar tanta información como sea posible sobre las respuestas de clientes para avanzar en la dirección correcta.

• Fase 3: Después de que el producto ha llegado a manos de los primeros clientes y se ha obtenido feedback sobre este, es tiempo de aprender las maneras más efectivas para llegar a más clientes. Cuando ese plan esté en marcha, y estos clientes empiecen a adquirir el producto, puede avanzar a la fase cuatro. Recuerde que debe ajustarse al concepto de eficiencia de costos. No puede escoger un producto popular que lo haga caer en la bancarrota debido a la necesidad de muchos recursos y de publicidad excesiva. Asegúrese de que su producto sea fácil de adaptar y útil para muchos clientes y que se pueden obtener las ganancias necesarias para seguir avanzando.

• Fase 4: Este es el momento de recordar algunas de las clases de economía y centrarse en cuántas serán sus ganancias al vender el producto. Se deben buscar formas de optimizar las utilidades para poder producir un producto de altísima calidad mientras se mantienen buenas ganancias en el proceso. Para hacer esto, deberá dividir el Valor del Tiempo de Vida de los clientes entre el Costo de Adquisición de los Clientes. La primera (LTV por sus siglas en inglés) se refiere a las utilidades que se estiman obtener de un cliente, la segunda (CAC), se refiere a cuánto se debe gastar para atraer a un cliente.

o Puede conseguir su tasa al dividir el LTV entre el CAC. Si su LTV es tres veces más alto que su CAC, entonces, sus márgenes están en el lugar correcto. Por supuesto, cuanto más altos sean estos, mejor le irá al negocio porque las ganancias serán buenas.

• Fase 5: En esta fase, se tomarán todas las acciones necesarias para hacer crecer el negocio. Si sus márgenes de ganancias son altos, entonces puede continuar con su plan actual. De lo contrario, deberá realizar los ajustes pertinentes para que el negocio siga creciendo.

Además, este es el momento de concentrarse en qué desea hacer en el futuro. Recuerde que el objetivo principal de su negocio es seguir creciendo y aumentar sus ganancias todo el tiempo. En esta fase, será capaz de evaluar si su plan actual fue bueno, y decidir tomar un cambio de rumbo de ser necesario.

Si es capaz de mantenerse en estas cinco fases con cualquier producto que intente vender a los consumidores, entonces, su éxito será rotundo. Son pasos simples, pero también son pasos en los que muchos negocios suelen tener problemas. Esto es particularmente cierto cuando se trata de probar los productos con clientes antes de lanzarlos al mercado. Intente seguir cada una de estas fases cuando su producto esté listo, para que su lanzamiento sea un éxito y le permita obtener muchas ganancias.

Capítulo 8: Entender las Métricas y qué Significan Estas para su Negocio

Una de las cosas más importantes que debe comprender cuando decida trabajar con Lean Analytics, es que la mayoría de las personas utilizarán los datos a su disposición de manera errónea. Cuando se reúne información, pero se hace de la forma incorrecta, se pierde la oportunidad de entender ciertos patrones importantes y no hay oportunidad de crear los productos que los clientes quieren en realidad.

Existen muchas métricas irrelevantes. Estas pueden hacer que una compañía se sienta bien porque aparentan el rumbo hacia la dirección correcta. El número de *me gusta* obtenidos en Facebook es un claro ejemplo de esto. Conseguir 100 *me gusta* en un post podría hacerle sentir bien, pero estos no muestran más que el hecho de que un cliente vio dicho post. Con un *me gusta* no se sabe quién es el cliente, de dónde es, si compró o no el producto, o cuánto tiempo estuvo viendo el post. Todo lo que nos dice esta medida es que el cliente pasó un tiempo corto viendo el post y dio click en el botón.

Evitar guiarse por estas métricas falsas es parte importante de alcanzar el éxito con Lean Analytics. No querrá distraerse de lo que en realidad es relevante, la información que puede hacer que su negocio consiga muchas utilidades. Cuando no se aprende a usar la información de la manera adecuada, se pierden de vista las oportunidades, patrones, y resultados que pueden impulsar su negocio a mejores condiciones.

Hay dos partes principales en esta idea. Son las siguientes:

o Existen compañías y personas que utilizarán las palabras "impulsado por datos". Estos, generalmente, utilizan muchos recursos para hacer que los datos se vean importantes. Pero mientras traen los datos, se olvida del impulso que deben dar los mismos. Muy pocos de estos planearán estrategias basadas en cualquier información obtenida de estos datos. Puede que tengan la información correcta a su disposición, pero eligen no actuar de la manera adecuada siguiéndola, o no la entienden.

o Incluso si una compañía se asegura de tomar acciones impulsadas por datos, podría haber un problema con las métricas. Con frecuencia, estas compañías simplificarán mucho las métricas porque están acostumbradas a ciertas convenciones. Debe recordar que el hecho de que ciertas personas hagan esto de esa manera no quiere decir que sea la manera correcta. Si no se utiliza la información de la manera correcta, entonces, esta información no servirá de nada y el análisis de la misma no será útil tampoco.

Si quiere implementar Lean Analytics en su negocio, debe utilizar parte de su tiempo para aprender qué métricas son buenas y cuáles no son útiles para su negocio. Si cae en la trampa de seguir métricas falsas, entonces, terminará con una estrategia que lo aleje de sus metas y lo hará gastar muchos recursos.

Las métricas falsas que debe identificar

Como su negocio busca recortar cualquier gasto innecesario, mientras se provee a los clientes con un producto y servicio de calidad, se debe tener mucho cuidado de no utilizar ninguna métrica falsa que pueda aparecer. Muchas personas, que no entienden muy bien los datos y cómo funcionan, considerarán estos datos irrelevantes y asumirán que deben seguirlos. Esto termina siendo una gran pérdida de tiempo y talento.

Existe un gran número de métricas falsas que aparecen. Pueden parecer atractivas al principio, pero con frecuencia le guiarán en la dirección equivocada cuando llegue el momento de plantear una estrategia para su compañía. Algunas de las métricas falsas que debe vigilar son:

Cuántas visitas ha obtenido: Si su sitio web es muy concurrido, es muy probable que tenga un gran número de visitas. Pero esto no mostrará cuál es el interés de sus clientes. Solo muestra que estuvieron en el sitio sin más.

• Vista de página: Esto se refiere a cuántos clicks se reciben en una página dentro del sitio web en un intervalo de tiempo determinado. Si desea seguir una de estas métricas, debería ser esta, no obstante, se ve como una pérdida de tiempo para la mayoría de las personas. En la mayoría de los casos, a menos que su negocio dependa del número de vistas de página, como los anuncios publicitarios, entonces es mejor trabajar con un programa que cuente cuántos visitantes únicos tiene cada mes.

• Número de visitantes: Aunque sea una buena idea saber cuántos visitantes pasan por su sitio web, este número no suele ser preciso. Por ejemplo, cuando se habla de esta métrica, ¿nos referimos a una persona que vino al mismo lugar cien veces, o fueron cien personas que vinieron una vez? Como negocio, su interés debe estar en el segundo grupo porque esto implica que más personas han visitado su página y que, probablemente, conseguirá más ventas.

• Número de *me gusta*, amigos, o seguidores: Con muchas compañías moviéndose a la red y las redes sociales, esta métrica falsa debe ser vigilada de cerca. Esta, básicamente, proyecta un falso sentido de popularidad. Una métrica mejor sería revisar el nivel de influencia que ejerce su negocio. Esto implica cuántas personas harán lo que usted les pida hacer. Cierto, los seguidores y el número de *me gusta* en la página de Facebook pueden verse bien, pero debería concentrarse en otras métricas.

• Direcciones de correo electrónico: Tener una lista larga de correos es una buena forma de trabajar en su negocio, pero debería considerar lo valiosa que puede ser la misma. El simple hecho de generar una lista tal no implica que todos en esa lista abrirán, leerán y luego actuarán siguiendo ese mensaje. Puede tener una lista de correos electrónicos, pero debe asegurarse de que las direcciones en ella sean de altísima calidad; incluso si esto implica que la lista sea más corta. Si se encuentra en el proceso de recolectar correos electrónicos, debería buscar las direcciones de personas que estén interesadas en lo que su negocio puede ofrecer.

• Número de descargas: Esta métrica es utilizada por las compañías que tienen productos descargables. Es cierto, estas descargas le ayudarán a subir en el ranking del mercado donde realizan sus ventas, pero este número no provee ninguna información útil. Si necesita respuestas precisas, deberá seguir métricas más útiles. Por ejemplo, la Tasa de Lanzamiento es una buena métrica porque le muestra el porcentaje de las personas que han realizado una descarga, creado una cuenta y que han utilizado el producto. Puede trabajar con algo llamado Porcentaje de Usuarios que Pagan para ver sus ganancias.

• Cuánto duran las visitas a su sitio: Esto solo es útil si su negocio trabaja con el tiempo de interacción para generar ganancias. Realmente, no quiere ver este tiempo porque es probable que los usuarios estén pasando tiempo en ella, pero no de la forma en que usted lo desea. Si el usuario pasa tiempo en su página de quejas, esto no será útil para su negocio, incluso si esto demuestra que esa persona ha pasado mucho tiempo en su sitio web.

Si busca escoger algunas métricas que le proporcionen información de calidad para lograr el crecimiento de su negocio, entonces debe evitar las que son mencionadas arriba. Son atractivas a primera vista, pero, básicamente, la información derivada de las mismas es irrelevante. Las compañías que siguen métricas de este tipo terminan gastando su tiempo y dinero, y no llegan a ningún lugar.

Reconocer y trabajar con métricas buenas

Tras ver cuáles son las métricas falsas y cómo estas pueden llevar a su negocio a la ruina, es tiempo de mencionar las métricas que importan. Usted siempre querrá seguir una métrica que lo ayude a conseguir su meta, no una que lo haga perder el tiempo y sus recursos para no obtener resultados. ¿Se le hace difícil elegir una? Como negocio, ¿cómo se supone que escoge una métrica que lo mueva en la dirección correcta?

Las buenas noticias son que las métricas buenas tienen ciertas características fundamentales. Estas incluyen:

• Son comparables: Se encuentra trabajando con una buena métrica si esta es comparable. Puede hacerse estas preguntas para asegurarse de que la métrica cumple este parámetro:

o ¿Cuál fue el comportamiento de la métrica el mes pasado o el año anterior? ¿Su tasa de conversión está aumentando? Un análisis de cohorte le ayudará a mantenerse al tanto de la tasa de conversión.

• Es entendible: Toda métrica que piense utilizar debe ser simple y entendible. Todos los que observen la métrica deben entender qué es. Esto asegura que la métrica no sea complicada y que las personas entiendan cómo utilizarla.

• Razón: Cuando se trata de métricas, no se trabaja con números absolutos. Si este es el caso, entonces, es tiempo de hacer ajustes y convertir los valores de manera que sean más fáciles de comparar.

Cuanto más fáciles sean las comparaciones, más fácil será tomar segundas decisiones de negocios.

• Adaptabilidad: Si se elige una métrica, esta deberá cambiar de la misma manera que cambie el negocio. Si su métrica se mueve, pero usted no puede determinar hacia dónde va, entonces, no es una buena métrica. Usted quiere que una métrica se mueva a su mismo ritmo y dirección, en lugar de hacerlo de forma errática, por su cuenta. Si la métrica se mueve de forma independiente, entonces no es una métrica de la que pueda depender.

Dicho esto, existen dos tipos de métricas principales de las cuáles puede depender a la hora de trabajar con Lean Analytics. Estas son las métricas cuantitativas y cualitativas. Las segundas, son las que tienen un impacto directo o indirecto sobre los clientes. Esto podría incluir métricas como entrevistas y feedback. Esto podría proveerle con buena información tomada directamente de los clientes.

En ocasiones, necesitará trabajar con métricas cuantitativas. Estas dependen de números, en lugar de la calidad de la métrica. Puede hacer uso de ellas para entender qué preguntas debería hacerle a sus clientes.

Ambos tipos de métricas serán útiles cuando su negocio esté creciendo. Dentro de ellas, existen distintos tipos de métricas que se ajustan a las necesidades específicas de cada negocio. Algunas de estas caen en una de estas dos categorías:

▪ Métricas de Vanidad: Estas no tendrán un impacto en el comportamiento de su enfoque. Básicamente, son una pérdida de tiempo y usted debe aprender a reconocerlas con anterioridad. En ocasiones, puede resultar tentador seguir una de estas porque aparentan ser útiles, pero no le ayudarán a llegar a ningún lado.

▪ Métricas Procesables: Estas métricas influyen en los cambios de comportamiento de su enfoque. Son las mejores cuando se tiene que trabajar en un producto nuevo. Pueden guiar su curso de acción en la dirección correcta y hacen que planear una estrategia sea más sencillo.

▪ Métricas de reporte: Estas son las métricas que tendrá que utilizar para comprender lo bien que le va a su negocio y si necesita realizar algún cambio para que este se vuelva más eficiente.

▪ Métricas exploratorias: Estas pueden usarse cuando desee descubrir algo nuevo. Si necesita aprender más sobre sus clientes, aprender más sobre ciertos procesos de su compañía, o algo similar.

▪ Métricas rezagadas: Estas son útiles cuando desea estudiar la historia de su compañía y necesita muchos detalles. La tasa de cancelación de su compañía es un buen ejemplo de este tipo de métricas. Esto se debe a que a través de ella, será capaz de ver cuántos clientes cancelaron sus órdenes en el último año, o todas las cancelaciones realizadas en años anteriores.

▪ Métricas conductoras: Trabajar con estas permite obtener información para predecir los resultados de sus acciones. Un buen ejemplo de esto serían las quejas de sus clientes porque estas dan una idea de las cosas que un cliente quiere y cómo reaccionarán a ciertas cosas en el futuro.

En el transcurso del proceso de Lean Analytics, debe determinar qué métricas desea utilizar. Su decisión puede estar basada en el producto o problema en el que se encuentre trabajando en el momento. Con frecuencia, es mejor trabajar en una sola métrica, al menos durante un tiempo, porque es más fácil hacer un seguimiento de todo y no confundirse con demasiada información. Todas las métricas pueden ser útiles, siempre y cuando se utilicen de la manera adecuada y sepa cómo leer la información que le proveen de forma correcta.

Capítulo 9: Pruebas Analíticas Compatibles con Lean Analytics

Existe una gran variedad de pruebas que pueden ser utilizadas cuando se trabaja con Lean Analytics. El fin último de todas es examinar cualquier tipo de suposiciones que se quieran comprobar. Al hacer uso de ellas, puede aprender más sobre el feedback de los usuarios para responder a este de manera apropiada. Echemos un vistazo a las herramientas analíticas más comunes que se pueden utilizar en los proyectos dirigidos con Lean Analytics.

Segmentación

En este proceso se comparan datos de una gran variedad demográfica. Con frecuencia, sus clientes vendrán de distintos sectores demográficos. Habrá diferencias de edad, géneros, deseos y necesidades, y localizaciones, dónde viven y dónde trabajan. Ver a los clientes como un todo, puede causar confusión. Puede utilizar la segmentación para dividir la demografía en cualquier forma que haga más cómodo el manejo de estos datos.

La división específica de los sectores demográficos dependerá del tipo de proyecto en el que esté trabajando. Puede que quiera hacerlo de acuerdo a la localidad donde viven los clientes, por su edad, su estilo de vida, por su ingreso monetario y hasta por su género. Esto puede brindar información valiosa sobre sus clientes, además de poder saber dónde se está comprando su producto, si hay un estilo diferente de compras entre los clientes femeninos y masculinos, o si el producto es más popular con grupos de ciertas edades.

La razón por la cual querrá dividir a sus usuarios en segmentos será asegurar que los datos disponibles puedan ser procesados. La analítica puede brindarle un montón de información sobre las personas que compran sus productos, pero, en ocasiones, esta información es demasiada. Esto hace difícil sacar conclusiones basadas en esta información. Después de todo, aunque recopilar la información recibida en el paso pueda ser algo bueno, no siempre es la mejor manera de mejorar la tasa de conversión o retención.

Es aquí donde el proceso de segmentación juega un papel fundamental. Cuando se aprende a filtrar la audiencia, se gana la capacidad de planear cómo crear productos nuevos de manera efectiva. La analítica puede darle la información necesaria, pero la segmentación es la manera de hacer uso de la misma.

Por ejemplo, puede que su tasa de conversión sea regular o buena, pero podría ser el resultado de la combinación de un grupo que suma mucho a la misma y uno que no hace nada por ella. Puede que usted esté gastando mucho dinero en el segundo grupo, sin obtener ningún resultado. La segmentación puede ser utilizada para ayudarle a entender qué cosas se están haciendo bien — al interactuar con el primer grupo — y darle una idea de cómo mejorar la respuesta del segundo grupo.

Al trabajar en la segmentación, no hay que concentrarse solamente en los datos para aprender de los usuarios. Esto no es solo un proyecto de historia. También debe centrarse en los datos para saber cómo actuar. La segmentación es una de las mejores formas de hacer esto. Puede tomar su población de clientes y la información que posee sobre ellos, y dividirla basado en un criterio. De allí, podrá comprender qué pasos debe tomar para hacer publicidad, que esta sea efectiva para alcanzar a los clientes, y aumentar las ganancias.

Es importante recordar que no todos los clientes que se encuentre van a ser iguales. Es posible que algunos clientes en su base de datos solo compren algo una vez y no regresen. No sería una mala idea intentar hacer contacto con ellos otra vez, podría ser que volvieran a comprar otra vez. Pero debe centrarse en su audiencia regular. Quiere saber a qué responden mejor y cómo puede hacer que siempre regresen. Esto promoverá el crecimiento de su negocio y le dará más ganancias conforme pase el tiempo.

¿Cómo se crea un buen segmento de clientes? Existen muchas opciones útiles. Lo mejor es echar un vistazo al proceso que puede ayudarle a realizar esta tarea de segmentación con Lean Analytics. Estos incluyen:

Definir el propósito del segmento: El primer paso es definir cómo se quiere utilizar el segmento. ¿Quiere ganar más clientes? ¿Quiere utilizar esta información para un mejor manejo de su portafolio para sus clientes actuales? ¿Quiere reducir las pérdidas, ser más eficiente, o tiene algo más en mente? Tomarse un tiempo para definir el propósito hace que crear los segmentos sea más fácil.

Decidir qué variables son relevantes: Estas tendrán una gran influencia en el propósito del proceso. Tome una hoja para hacer una lista en orden de importancia. Puede enlistarlas por grupos o en un árbol de decisiones. Por ejemplo, si desea realizar una segmentación para averiguar cuál de sus productos es el más popular y conseguir más ganancias, entonces, necesitará establecer parámetros como costo y utilidades.

Una vez que estas variables hayan sido definidas, será el momento de hacer una lista de la granularidad y el umbral para crear los segmentos. Necesitará tener dos o tres niveles por cada variable que escoja. Esto puede variar. Los problemas más complejos requerirán de más niveles por cada variable.

Asigne a sus clientes a cada célula. Esto puede demostrarle si hay una distribución justa o no. Si esta no existe, es tiempo de averiguar por qué. Quizá necesite hacer algunos ajustes a sus umbrales para que todo funcione. Haga tantos ajustes como sean necesarios a la información hasta que las distribuciones sean las adecuadas.

Incluya la segmentación en su análisis. Luego, puede tomarse algo de tiempo para revisarla y ver la información que se obtiene de ella.

Análisis de Cohorte

El otro tipo de prueba que puede utilizar es el Análisis de Cohorte. Aquí se hará uso de períodos de rendimiento para comparar grupos de datos distintos. Con este análisis, existirán diferencias en el comportamiento de los clientes que aparecieron para utilizar la versión de prueba de su producto, los que estuvieron durante el lanzamiento y los que aparecieron para la versión definitiva.

Cada una de estas etapas es importante porque le ayudará a determinar qué clientes son más propensos a regresar y volver a comprar mientras su compañía crece. Los que aparecen durante las primeras etapas, especialmente durante la versión de prueba, probablemente no sean los clientes más serios. No querrá perder su tiempo con ellos. Estos incluyen a aquellos que solo quisieron probar el producto pero no tenían motivos para invertir en la versión completa.

Aquellos que aparecen tras estas etapas merecen toda su atención. Estos son los clientes que están interesados en su producto porque invertirán dinero para adquirirlo. Deberá estudiar a los clientes en ambas etapas con la ayuda de un análisis de cohorte para aprender más sobre el comportamiento de sus clientes. Con esto, conseguirá información valiosa para poder vender con más eficiencia.

Pruebas A/B

Este es un proceso que se utiliza para examinar un atributo entre dos opciones. Podría ser algo simple como un eslogan, imagen o color. El propósito de la prueba sería determinar qué opción es más efectiva.

Un ejemplo simple de esto sería tener dos productos que se desea comparar para saber cómo responderán los clientes. Se aplicaría esta prueba y luego se utilizaría la información recopilada para determinar por qué un producto tiene más aceptación que el otro.

Para que esto funcione como es debido, debe asegurarse de que solo se haya cambiado un atributo entre ambos productos. No puede utilizar dos productos totalmente distintos en la prueba y esperar obtener buenos resultados. Las respuestas serán variadas y no será capaz de entender qué se debe cambiar. Digamos que se encuentra trabajando en una página web. En una versión el fondo en rojo; en la otra, azul. Entonces, podría aplicar una prueba A/B para determinar qué color tiene más aceptación entre los clientes. Aparte del color de fondo, todos los otros elementos deben mantenerse iguales para que la prueba funcione.

Las pruebas más efectivas serán aquellas donde solo haya un atributo diferente. Así se pueden tomar decisiones fáciles basadas en las respuestas de los clientes. En algunos casos, se puede trabajar con más variables. Esto ocurre cuando se quiere comparar muchos cambios en relación a otra cantidad igual de cambios para determinar cuáles son los más efectivos.

Para que sus pruebas A/B sean efectivas, deberá tener en cuenta una gran cantidad de factores. Estos son:

o Debe tener una buena idea para aplicar una prueba A/B. Necesita una razón antes de pensar hacerla.

o Cualquier atributo que desee probar debe ser notable para la audiencia. Si intenta probar un cambio que no es perceptible, no conseguirá resultados significativos.

o Es mejor si solo prueba las variables una a la vez. Si trabajar en una prueba con variables múltiples, podría tener el problema de no saber cuáles variables son del agrado de los clientes y cuáles no.

o Su prueba debe ser estadísticamente significativa. Es decir, el tamaño de su muestra debe ser lo suficientemente grande como para que los resultados sean válidos con un margen de error.

Para ayudarle a entender cómo funciona este tipo de prueba, necesitamos revisar un ejemplo. Utilizaremos este tipo de prueba en una página web que su compañía busca mejorar. Hay dos maneras de intentar esto:

o Probará las páginas con páginas distintas, una a la vez.
o Trabajará con algún código de JavaScript para llevar a cabo una prueba dentro de la página. Esto sería útil porque no tendría que trabajar con dos URLs distintas para llevar a cabo la prueba.

Con la primera opción, necesitará crear dos URLs distintas para las dos páginas que desea probar. Puede darles nombres similares, pero lo suficientemente distintos para que pueda llevar un seguimiento sin confundirse.

Si decide ir con la segunda opción, debe tener más experiencia programando en JavaScript. Necesitaría colocar un código en su página web para asegurarse de que la prueba sea dinámica.

El método que escoja dependerá de su comodidad, preferencias personales y herramientas a su disposición. Ambos tipos de pruebas darán resultados buenos y válidos, pero cada uno llevará su tiempo de preparación e implementación.

Los procesos de prueba son importantes cuando se desea saber lo bien que le irá a su compañía. Estos le asegurarán que está creando los productos que el cliente quiere, en lugar de crear un producto y esperar que sea aceptado por el mercado. El estilo de prueba que elija dependerá de lo que funcione mejor para el producto y para su compañía.

Capítulo 10: El Ciclo de Lean Analytics

Antes de decidir trabajar con la metodología Lean Analytics, es importante que entienda un poco más sobre el ciclo de la misma. Este ciclo se asegurará de que usted se mantenga en el camino correcto una vez haya comenzado, y le ayudará tener los mejores resultados. Existen cuatro pasos importantes dentro de este proceso y para asegurarse de que el proceso funcione para usted.

Una buena analogía para este ciclo es pensar en él como si se tratara del método científico. Tendrá que ir por un todo un proceso como en dicho método, como determinar qué necesita para mejorar su negocio, formular las hipótesis que lo lleven a un descubrimiento, y luego experimentar para comprar su hipótesis. Si la misma es errónea, no debe rendirse. Debe seguir intentando con nuevos experimentos e hipótesis nuevas, hasta que encuentre la solución adecuada.

Este ciclo es una buena manera de llevar un seguimiento de lo que se debe hacer cuando se desarrolla un producto nuevo o se cambia el proceso mediante el cual se hacen las cosas en su compañía. Echemos un vistazo a los pasos del método científico de los negocios para que pueda usar el Ciclo de Lean Analytics a su favor.

¿Qué debería mejorar?

Lo primero que se debe entender al mirar este ciclo es qué se debe mejorar en el negocio. Recuerde que la función del ciclo no es enseñarle algo nuevo sobre su negocio. Si depende de este para aprender cosas nuevas, entonces, se decepcionará. Ya debe conocer todos los aspectos de su negocio y tener una buena idea de lo que se desea cambiar para mejorar.

En este primer paso, se dará cuenta de lo útil que es hablar con otros emprendedores sobre qué métricas debería utilizar. El ciclo puede ayudarle a identificar la métrica más relevante para su negocio en un determinado momento. También podría utilizar parte de la información de su modelo de negocios para identificar esta métrica.

Después de elegir la métrica que desea utilizar, necesitará conectarla con el Indicador Clave de Rendimiento. Un buen ejemplo de esto es una métrica utilizada como la tasa de conversión si el KPI es la cantidad de personas que ya adquirieron el producto.

Para que este paso sea más sencillo, querrá sentarse y pensar en todas las métricas con las que podría trabajar. Piense en tres que ya utilice en su negocio o piense que son importantes. Luego, al lado de estas métricas, puede anotar qué KPI mediría para cada una. Esto le dará un buen lugar para comenzar.

Formule su hipótesis

En esta etapa, la creatividad juega un papel importante. La hipótesis le dará las respuestas que necesita para avanzar. Deberá buscar algo de inspiración, pero deberá conseguirla en poco tiempo, uno o dos días. Puede buscar la respuesta de esta manera: "Si hago____, creo que ______ pasará, y el resultado será ___".

Necesitará revisar la información disponible para encontrar las respuestas. Se sorprenderá al saber lo fácil que es conseguir cualquier respuesta que necesite dentro de la información disponible. Si, por alguna razón, no cuenta con ningún tipo de dato, deberá comenzar a recolectar información para poder comenzar. Puede considerar algunas de las estrategias utilizadas por sus competidores, seguir métodos que le hayan funcionado a negocios similares al suyo, trabajar en encuestas, o estudiar el mercado para su ramo de la industria para evaluar sus opciones.

Lo que debe tener en cuenta es que al trabajar con una hipótesis, esta lo ayudará a pensar como su público. Querrá seguir formulando preguntas hasta que entienda como piensa este. Esta también puede ayudarle a entender cómo se comportarán sus clientes o cómo reaccionarán a un producto, servicios o los cambios que decida hacer.

Realizar un experimento

Una vez que tenga una hipótesis, necesitará ponerla a prueba. Para que esto sea más fácil, debe considerar tres preguntas principales para llevar a cabo el experimento de manera apropiada:

o ¿Cuál es el mercado objetivo? Debe tomarse un tiempo para pensar en sus clientes y si son los clientes ideales para su negocio. Si trabajara con otro mercado objetivo, ¿podría obtener mejores resultados, o más ventas? Incluso si el actual es bueno, ¿existen mejores opciones para interactuar con ellos comparadas con las que ya utiliza?

o ¿Qué espera de su mercado objetivo? Con frecuencia, será que adquiera sus productos. Debe revisar si esta audiencia entiende fácilmente lo que se espera de ella. Y debe asegurarse de que cualquier acción sea fácil de ejecutar. Por ejemplo, si desea que su audiencia compre su producto en línea, y su página web es difícil de encontrar, o el botón de compra no funciona, entonces, las ventas se reducen por las dificultades. También debería revisar cuántas personas de su público reciben en realidad el mensaje y cuántos de estos llevan a cabo la tarea deseada.

o Considere por qué piensa que la audiencia debería realizar la acción. ¿Les ha dado la motivación adecuada? ¿Piensa que su estrategia actual es la correcta? Si su público no está motivado, ¿muestran motivación hacia sus competidores?

Las respuestas a estas preguntas deberían existir desde antes porque son una buena herramienta para entender mejor a los clientes. Decidir qué experimento se llevará a cabo en esta etapa no debe ser difícil. Puede utilizar la oración que se presenta a continuación para encaminarse en la dirección correcta:

"QUIÉN hará ESTO, POR QUÉ mejorar los KPI para alcanzar las metas".

Si ya ha pasado por las etapas anteriores y ha escogido una buena hipótesis, entonces, no tendrá problemas en elegir un buen experimento. Una vez que su experimento esté listo, puede utilizar Lean Analytics para ayudarle a medir los KPI y terminar con el mismo.

Medir los resultados y decidir qué hacer después

Iniciar nuevos experimentos y hacerlos a un lado no será bueno para su negocio. Necesitará medir lo bien que va, y qué resultados ha obtenido para determinar si es lo que esperaba. Si el experimento no marcha bien, entonces, puede decidir hacer los ajustes necesarios para que lo haga, o si es el momento de comenzar desde cero otra vez.

Aquí, también existe la posibilidad de decidir qué hacer después, basada en los resultados obtenidos. Existen unas cuantas cosas a las que debe prestarle atención cuando se miden los resultados de esta etapa final:

• ¿Consideraría que el experimento fue un éxito? Si es así, su métrica estará lista. Entonces, sería capaz de implementar el experimento regularmente y avanzar al siguiente asunto y métrica en las que debe trabajar.

• ¿El experimento falló? Entonces, debe ser el momento de revisar la hipótesis. Debería detenerse en este punto y pesar por qué falló el experimento o por qué no resultó como esperaba. Esto puede ayudarle a plantear una mejor hipótesis la próxima vez.

• ¿El experimento comenzó, pero no alcanzó los resultados esperados? En este caso, es posible que no tenga que cambiar su hipótesis, pero sí debería definir un nuevo experimento. Si considera que su hipótesis todavía es factible, entonces, está bien mantenerla, pero debería hacer algunos cambios al experimento.

Existirán diferentes iteraciones del experimento en las que deberá trabajar dependiendo del tipo de proyecto con el que trabaje. Es probable que deba comprobar la hipótesis varias veces. Quizá deba cambiar de hipótesis en varias ocasiones para conseguir algo mejor. El truco está en seguir trabajando hasta dar con una solución eficiente, que funcione para su negocio y mantenga felices a los clientes. Una vez que alcance esa meta, entonces, estará listo para implementarlo y comenzar a trabajar con la siguiente métrica para su compañía.

El Ciclo de Lean Analytics no es complicado o difícil de entender. Está hecho para ser una solución simple para ayudar al crecimiento de su negocio. Si ha trabajado con el método científico en el pasado, entonces, puede simplemente implementar las etapas que ya conoce para dar con las soluciones que requiere su negocio.

Conclusión

Gracias por leer *Lean Analytics: La Guía Definitiva para la Tendencia Ágil de Analítica, Analítica Avanzada, y Ciencia de Datos para Crear Startups Superiores y Dirigir Empresas* hasta el final. Esperamos que haya sido informativo y haya puesto en sus manos las herramientas necesarias para lograr sus objetivos, sin importar cuáles sean.

El próximo paso es poner en práctica lo aprendido. La naturaleza simple de Lean Analytics hace muy fácil iniciar un negocio, incluso si no se disponen de muchos recursos. Esto lo convierte en una gran herramienta para los emprendedores de bajos recursos. También implica que ya no hay razón para quedarse atrás y evitar utilizar Lean Analytics para conseguir más dinero. En este punto, solo debe tomar los pasos necesarios para avanzar e intentar implementar estas ideas en su negocio.

Finalmente, si este libro le fue útil de una manera u otra, ¡una reseña en Amazon siempre es bien recibida!